乐游全球·迷你版

自由行 02

新加坡
SINGAPORE

实业之日本社海外版编辑部　编著

郑凤◎译

北京·旅游教育出版社

乐游全球迷你版　自由行02
新加坡
Singapore

目　录

新加坡旅行基本信息⋯⋯⋯⋯⋯⋯⋯4
MAP 新加坡⋯⋯⋯⋯⋯⋯⋯⋯⋯⋯6
新加坡观光规划 & 经典路线⋯⋯⋯⋯8

Do! experience 新加坡体验记

备受瞩目的滨海湾区域⋯⋯⋯⋯⋯⋯12
在圣淘沙名胜世界里狂欢⋯⋯⋯⋯⋯14
在新加坡环球影城中共享天伦⋯⋯⋯16
隔海玩转魅惑新山⋯⋯⋯⋯⋯⋯⋯18
ZOO 动物园发烧友不容错过⋯⋯⋯20
满是鱼尾狮的印迹⋯⋯⋯⋯⋯⋯⋯25
历史悠久的莱佛士酒店⋯⋯⋯⋯⋯26
调养身心的亚洲丽人行⋯⋯⋯⋯⋯28
各式甜品大荟萃⋯⋯⋯⋯⋯⋯⋯⋯30
速成新加坡美食通⋯⋯⋯⋯⋯⋯⋯32
立马变身资深排档达人⋯⋯⋯⋯⋯34
美味水果吃不够⋯⋯⋯⋯⋯⋯⋯⋯36
夜色中浅酌微醺⋯⋯⋯⋯⋯⋯⋯⋯37

市内交通⋯⋯⋯⋯⋯⋯⋯⋯⋯⋯⋯38
MAP MRT 路线图⋯⋯⋯⋯⋯⋯⋯41

市区/滨海湾
City / Marina Bay

观光⋯⋯⋯⋯⋯⋯⋯⋯⋯⋯⋯⋯⋯44
美食⋯⋯⋯⋯⋯⋯⋯⋯⋯⋯⋯⋯⋯47
购物⋯⋯⋯⋯⋯⋯⋯⋯⋯⋯⋯⋯⋯49
发现新加坡　殖民时代建筑群一览⋯⋯50

乌节路
Orchard Road

观光⋯⋯⋯⋯⋯⋯⋯⋯⋯⋯⋯⋯⋯51
美食⋯⋯⋯⋯⋯⋯⋯⋯⋯⋯⋯⋯⋯52
购物⋯⋯⋯⋯⋯⋯⋯⋯⋯⋯⋯⋯⋯55
导览 NAVI
　荷兰村⋯⋯⋯⋯⋯⋯⋯⋯⋯⋯⋯57

河滨
Riverside

观光⋯⋯⋯⋯⋯⋯⋯⋯⋯⋯⋯⋯⋯58
美食⋯⋯⋯⋯⋯⋯⋯⋯⋯⋯⋯⋯⋯60
购物⋯⋯⋯⋯⋯⋯⋯⋯⋯⋯⋯⋯⋯61

牛车水
Chinatown

观光·····················62
美食·····················65
购物·····················67

小印度
Little India

观光·····················68
美食·····················70
购物·····················70

武吉士/阿拉伯街
Bugis / Arab Street

观光·····················71
美食·····················73
购物·····················73

发现新加坡 在精品杂货店里"乐淘"······74

圣淘沙岛
Sentosa Island

观光·····················76
美食·····················78

导览 NAVI
港湾·····················79
住宿·····················80

旅行信息
Travel Information

◆出发日程安排·····················86
◆收集旅行信息·····················88
◆旅行必需品·····················89
◆携带物品及行李·····················90
◆货币兑换·····················91
◆入境新加坡·····················92
◆回国指南·····················93
◆电话・邮政・网络·····················94
◆生活习惯・风俗礼仪·····················95
◆旅行健康管理·····················96
◆旅行安全管理·····················97
◆旅行会话·····················98

索引·····················100
MAP 新加坡中心城区·····················103
MAP 市区 & 滨海湾·····················105
MAP 乌节路·····················106
MAP 牛车水·····················109
MAP 小印度 & 阿拉伯街·····················111
MRT 中心线路图·····················112
插页：MAP 乌节路～滨海湾

◆新加坡旅行基本信息◆

正式国名
新加坡共和国
Republic of Singapore

首都
新加坡
Singapore

面积
699km²

地理
　　北纬1°9′，东经104°，临近赤道，处于马来半岛南端，由新加坡岛及约60个小岛组成。北隔柔佛海峡与马来西亚相邻，南隔新加坡海峡与印度尼西亚相望。

人口
　　截至2012年，人口约541万（新加坡永久居民约384万）。

民族
　　华裔约74.2%，马来裔约13.4%，印度裔9.2%，其他民族占3.3%。

语言
　　官方语言是英语、华语、马来语和泰米尔语。新加坡的年轻人都会说英语，但年纪大一些的人很多只会讲本民族的语言，所以在一些小店铺或小摊贩那里无法使用英语。

宗教
　　主要有伊斯兰教、道教、佛教、基督教和印度教等。由于华裔人口占多数，道教的信众居多。

节假日
　　＊表示每年日期会有变动的节假日。
元旦 New Year's Day　　　　　1月1日
＊春节 Chinese New Year
＊受难节 Good Friday
　劳动节 Labour Day　　　　　5月1日
＊卫塞节 Vesak Day
＊开斋节 Hari Raya Puasa
　国庆节 National Day　　　　　8月9日
＊哈芝节 Hari Raya Haji
＊屠妖节 Deepavali
　圣诞节 Christmas Day　　　12月25日

政治体制
　　实行议会制共和制。议会为一院制，任期5年，从87名议员中选出总理。

国家元首
　　国家元首即总统，任期6年，通过国民选举产生。现任总统是哈莉玛·雅各布。

S$1

S¢50

S¢20

S¢10

S¢5

S¢1

通用货币
　　新加坡的通用货币是S$（新加坡元）和S¢（新加坡分）。S$1=S¢100。纸币面额有S$2、5、10、20、50、100、500、1000、10 000共9种。生活中最常用的是S$100以内面额的纸币。硬币有S¢1、5、10、20、50和S$1共6种。

货币兑换
　　在樟宜机场、酒店或者货币兑换处，可用现金或T/C兑换货币。比起国内，当地的汇率更划算。

信用卡

除非排档、小店，几乎所有的餐厅或酒店、购物中心都可以使用。

气候

热带海洋性气候，湿度大，年平均气温是24℃~27℃。白天温度超过30℃。基本没有明显的气温或季节变化，但5~8月是新加坡最干燥、最热的时间段，常有暴雨。每年11月到次年3月为雨季，或是短时间多次强降雨，或者偶尔整日降雨。在外行走很容易出汗，建议穿短袖服装。不过，室内或参观点都有冷气，最好备一件薄外套。

时差

与中国不存在时差。

飞行时间

从北京首都国际机场乘直飞航班到新加坡的樟宜国际机场约需7个小时，若从上海浦东国际机场直飞需近6个小时，若从广州白云机场直飞需近5个小时。也可以选择从中国香港或者其他地方中转前往新加坡。总之，前往新加坡的交通非常便利。

办公时间

政府机关及一般事务所的办公时间是平日9:00~17:00，周六9:00~12:00，周日及法定节假日休息。银行的营业时间是平日8:30~16:30，周六到13:00。商店及餐厅一般没有休息日，但在春节期间，很多店铺都休息。此外，信仰的宗教不同，店铺的营业时间也有差异。如伊斯兰商铺周日是休业的。酒店内的商店常年无休。

电压

新加坡电压是220~240伏50赫兹。插座形状是英式的三角形。插头的金属片大多是四角形的。如果您的电器不适用于国外，就需要准备变压器和转换插头。

小费

新加坡推崇无小费制度，所以基本不需要付小费。但相应的在餐厅或酒店一般要收取10%的服务费。在樟宜机场，小费是明令禁止的。

水

在东南亚直接饮用生水容易坏肚子，不过在新加坡饮用自来水没有这样的问题。矿泉水也有"依云"或者当地品牌等多种选择。

厕所

厕所都保持得比较干净。酒店或购物中心里的卫生间使用方便。此外，在小贩中心也有收费（S¢10~）厕所。使用之后，如果忘记冲厕所会被罚款。

吸烟

酒店、餐厅、公共设施内是禁止吸烟的。户外设置烟灰缸的地方可以抽烟，但是这样的地点不多。

Wi-Fi

在政府的努力下，新加坡的免费无线网络覆盖全国。使用时需要通过一些必要步骤如设定账户等。此外还可以在星巴克、麦当劳等地免费使用网络。在酒店时，高档酒店内的网络一般是收费的。

度量衡

容积单位用升表示。长度单位除了有厘米、米之外，还有英寸（1英寸=2.54厘米）。重量单位除了千克之外，也使用磅（1磅≈454克）。

新加坡观光 按区域划分
规划&经典路线

新加坡国家不大,但景点却散落各处。您想去的地方究竟在哪块区域?以下为您大致介绍一下景点的位置关系和区域概况,还有最经典的旅游路线。

市区

① **市区/滨海湾** — 围绕滨海湾的区域。集中了莱佛士、滨海湾金沙大酒店等首屈一指的观光景点。享受美食及购物的好去处。 →p.44

② **乌节路** — 新加坡最具代表性的时尚街区。除了有高端名牌店,还有高岛屋、伊势丹百货。 →p.51

③ **牛车水** — 色彩斑斓的店铺小屋鳞次栉比的唐人街。聚集很多特产商店和饮食店。物价便宜。 →p.62

④ **河滨** — 有驳船码头、克拉码头等充实的夜间景点,建筑物充满异国风情。 →p.58

⑤ **小印度** — 以24小时营业的慕达发购物商厦为代表的印度系商铺云集。充满活力的区域。 →p.68

⑥ **武吉士/阿拉伯街** — 小印度东侧的武吉士有市场和货摊街。离武吉士很近的是阿拉伯街。这是一片伊斯兰文化浓厚的异国风情区域。 →p.71

郊外

⑦ **港湾** — 新加坡最大的商城怡丰城(VIVO City)及夜游场所午夜娱乐城都极具人气。 →p.79

⑧ **荷兰村** — 新加坡最时尚的景点之一,精美的杂货店及高品质餐厅云集。 →p.57

⑨ **圣淘沙岛** — 由新加坡环球影城和圣淘沙名胜世界主打的休闲岛屿,无法脱离眼球。 →p.14、7

⑩ **动物园区** — 有新加坡动物园、夜间野生动物园,不论是大人还是小孩都很喜欢的动物园区域。又新开了拥有熊猫馆的河川生态园。喜爱动物的人们绝对不容错过。 →p.20

⑪ **裕廊飞禽公园** — 除了有适合全家出游的人气裕廊飞禽公园,还有星和园(日本庭院)和裕华园(中式庭院)等不错的景点。 →p.24

国外

⑫ **新山** — 马来半岛最南端的市镇。与新加坡以新柔长堤相连,可以当日往返观光。 →p.18

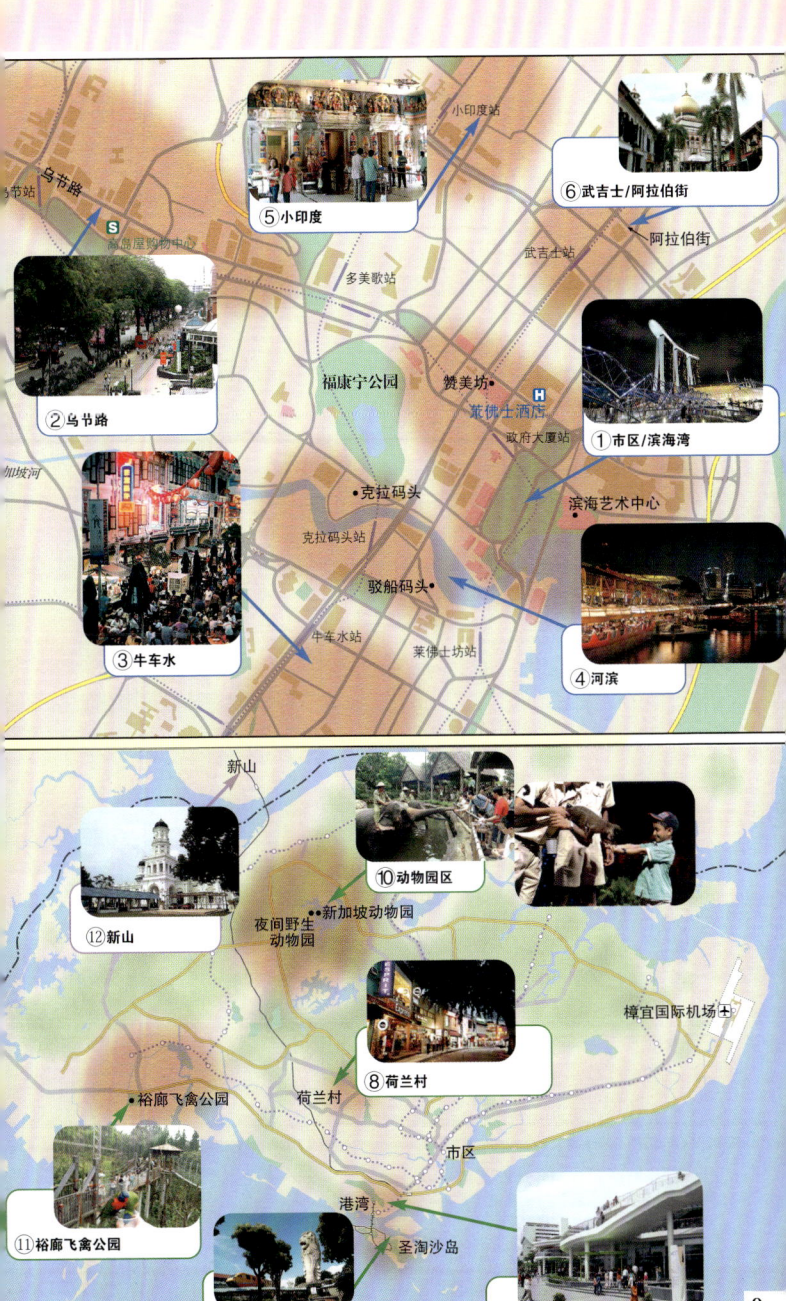

最基本的、一定要看的景点
经典旅行线路
＊针对初次旅游者的2日行程路线推荐

这是面向初次来新加坡的游客们推荐的内容丰富的必选路线。第1天参观莱佛士、圣淘沙等，第2天游览民族特色街区，最后在夜间野生动物园结束行程。

令人憧憬的莱佛士

第1天

上午

● **前往传奇莱佛士（→p.26）**
从政府大厦或滨海中心地铁站前往莱佛士。体验古朴风韵的同时也能购物。若有需要带伴手礼，可以在礼品商店购买。

● **漫步市区古建筑（→p.50）**
既可以游览圣安德烈教堂等殖民时代的古老建筑，也可以在市区周边漫步。跨过加纳文桥，便可前往鱼尾狮公园。

● **和新加坡标志鱼尾狮像合影（→p.25）**
与新加坡的标志会面。越过海湾能一览滨海金沙大酒店的磅礴气势。在此处徜徉之后，可以前往驳船码头吃个午餐。

在鱼尾狮公园拍纪念照片

酒店
游船及滨海金沙大

下午

● **在驳船码头咖啡厅（→p.59）午餐**
午饭后，乘游轮从驳船码头到滨海湾游览一周。

● **乘坐游船（→p.43）游览滨海湾**
从滨海湾上可以将矗立湾边的滨海金沙大酒店雄姿一览无余。游船结束后，从莱佛士坊站乘坐MRT前往港湾站。

● **在夜晚的圣淘沙岛上（→p.15）观赏激光表演秀**
乘坐MRT在港湾站下车后继续乘坐单轨电车前往岛屿。宏伟的光影露天表演《时光之翼》在19:40开演。表演结束后到马来西亚美食中心品尝当地料理做夜宵。吃完返回市区酒店。

圣淘沙岛的激光表演秀

第2天

上午

● **首先前往牛车水（→p.62）**
起点是牛车水地铁站，十分便利。这一带有很多牛车水特有的街区风情，可以尽情体会。还可寻访各处宗教寺院。

● **小饿可以在街市食堂饮茶、吃点心**
如果有点饿了，可以在牛车水站附近的美食街或者食堂吃东西。小编温馨提示您别因为好吃就过量了。接着从牛车水站前往花拉公园。

● **在小印度（→p.68）进行寺院巡礼**
参观完印度教寺院和佛教寺院，前往当地的购物中心。这里有很多意想不到的便宜奇特商品。午饭可以尝试有名的料理咖喱鱼头（→p.32）。

牛车水的喧嚣

印度教寺院的神像

下午

● **在阿拉伯街（→p.71）小憩**

午饭后，可乘车前往阿拉伯街。参观完苏丹回教堂，可以徜徉于哈芝巷等街道的异域风杂货店。让人自然放松的区域。如果时间充裕，还想去逛逛武吉士的摊贩街。不过距离下一个目的地还远，还是早些收队吧。

贴金的苏丹回教堂

● **夜间野生动物园（→p.20）的惊喜**

日落之后才开园。最迟在19:30前入园为佳。交通工具可选择的士或公交枢纽。园区内与动物相遇时的现场感十足。回到酒店时已是深夜，这一日的行程足以满足。

夜间野生动物园，凝神望去居然有犀牛

---

modelplan

商店与美食特集

经典旅行线路

*针对初游者的1日行程

重点面向喜爱美食与购物的游客。这个行程路线是在乌节路和牛车水购物之后享受傍晚茶和民族风味料理。

乌节路

第 **1** 天

9:30 ● **乌节路（→p.51）购物**

可以从乌节路站或者索美塞站出发。东西延伸的乌节路上，大小购物中心鳞次栉比，构成一个能和东京银座匹敌的购物区。从高端品牌到当地产品，可以说一应俱全。预备充足时间购物吧。

真想体验一次的傍晚茶

11:00 ● **在时尚咖啡厅享受咖啡时光**

若想在购物空隙来个小憩，可以在ION乌节购物商厦或高岛屋里的TWG茶沙龙＆精品（→p.30）饮茶休息，或者在当地的咖啡连锁店旧街场（→p.54）品尝一杯白咖啡。

13:00 ● **体验憧憬已久的下午茶（→p.30）**

转移到市区附近，在酒店体验下午茶。向您推荐二分点餐厅（→p.30）料理，是自助式的，景观也非常优美！

15:00 ● **在牛车水（→p.62）逛中式杂货店**

乘坐MRT前往，探索新加坡的中式小物和杂货。在街边的小食堂吃点小笼包什么的解馋。傍晚再步行至克拉码头。

牛车水的安旨食堂

18:00 ● **在克拉码头（→p.59）用晚餐**

宛若不夜城般热闹非凡的街市上，聚集了各国美食。享用了优雅的晚餐之后，可以在附近的酒吧度过成人时光。

在克拉码头不知不觉到了深夜

Do! experience 新加坡体验记

Singapura是新加坡的旧称。梵语中意为"狮子之城"
让我们在"狮子之城"体验多彩的时节。
体验的方法和内容丰富多样。
本篇中集结的景点都是为了让您在短期旅行中最高效率地享受当地乐趣。

时下最热门的新观光景点

不夜城与人工热带雨林公园

备受瞩目的滨海湾区域

拥有鱼尾狮公园的滨海湾，被称作滨海湾区域。其中最受瞩目的两处地点也是现在最出名的景点。

滨海湾金沙大酒店
Marina bay sands　地图 p.105-G

宛若浮船的外观以及楼顶的泳池都成为了当代新加坡的代名词。

这是一个集酒店、赌场、美术馆、餐厅和购物商场为一体的综合设施。不论白天还是夜晚都能让人尽兴。如果累了，推荐一家有特色茶叶冰激凌的TWG Tae on the Bridge店，可以在此优雅地喝茶。或者选择到附近的摊贩小吃或美食天地。

🚇 MRT海湾舫站B~E出口附近　✉ 10 Bayfront Avenue　🌐 jp.marinabaysands.com

水幕幻影秀
Wonder Full　地图 p.105-G

观赏河岸两边的水幕幻影秀

这是由激光、火焰和音乐组合一体的表演。在金沙大酒店前观看，能看到水幕中映出的各种映像。而在对岸，又能欣赏到投射在夜空中的激光电子表演。

从酒店对岸看到的奇趣灯光秀

🕐 20:00、21:30（周五、周六23:00也有）每场持续约15分钟　休 无休　💲 免费

金沙空中花园
Sands Skypark　地图 p.105-L

若想俯瞰景色可以来这里

乘坐直达电梯可前往拥有著名空中花园和泳池的屋顶瞭望台。

🕐 9:30~22:00（周五~周日~23:00）
休 无休（特殊展会除外）
💲 S$23
☎ 6688-8826
售票处设在塔楼3的地下层

美食天地
Food Cort　地图 p.105-K

✉ 滨海湾金沙商场 Shoppes at Marina Bay Sands B2层　🕐 10:00~23:00（周五、周六~24:00）　休 无休　💲 S$30

☕ TWG Tea On The Bridge
TWG Tea On The Bridge　地图 p.103-K

✉ 滨海湾金沙商场 Shoppes at Marina Bay Sands B2层　☎ 6535-1837
🕐 10:00~22:00（周五、周六及节假日~24:00）
休 无休　💲 S$30

滨海湾金沙商场
Shoppes at Marina Bay Sands 地图 p.105-G

人气品牌
◆ 香奈儿 CHANEL
◆ 爱马仕 HERMES
◆ 路易斯威登 LOUIS VUITTON
◆ 巴宝莉 BURBERRY
◆ 普拉达 PRADA
◆ 宝格丽 BVLGARI
◆ 卡迪亚 Cartier
◆ 古驰 GUCCI
◆ 蒂凡尼 Tiffany & Co.
◆ 弗兰克穆勒 Franck Muller

横向长形的商场，超大！
商场从1层到地下2层共3层的空间，全设玻璃外墙。在明亮的大厅内聚集了世界级奢侈品及新锐品牌等，令人眼花缭乱。还有世界顶级厨师所在的高级餐厅。

交 MRT海湾舫站C~E出口附近　营 10:00~23:00（周五、周六延至24:00）（各店略有不同）　休 无休

滨海湾花园
Gardens by the Bay 地图 p.105-L

园区包括再现世界庭院的公园部分，以及由2个巨型玻璃房组成的人工热带植物园区。在广阔的花园占地的中央，建有许多模仿树形结构的"擎天大树"。

Gaden Rhapsody灯光秀
Garden Rhapsody 地图 p.105-L

交 从MRT海湾舫站B出口出来步行5分钟　营 5:00~26:00　休 无休
S 免费　☎ 6420-6841
HP www.gardensbythebay.com.sg

为您呈现一个梦幻世界
它是利用擎天大树结合世界民族音乐，用灯光做出的表演秀。可以一边散步一边欣赏。

营 从19:45、20:45开始约持续15分钟　休 无休　S 免费

擎天大树
Supertree 地图 p.105-L

吊桥超赞
仿造树形结构的塔林中，人们可以通过吊桥式游步道穿梭于各树塔之间。

营 9:00~20:00　休 无休　S 成人S$5

花穹&云雾林
Flower Dome & Cloud Fores 地图 p.106-H

冷室内充满负离子
收集了世界各地的花之花穹和还原了密林面貌的云雾林各具特色，在这里您的身心会被植物们的身姿调养。每个玻璃房都是凉爽的乐园。

营 9:00~21:00　休 无休　S S$28

专业导游建议

进入赌场的注意事项

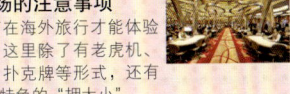

只有在海外旅行才能体验的赌场。这里除了有老虎机、轮盘赌、扑克牌等形式，还有最具亚洲特色的"押大小"。

赌场着装及注意事项：服装可以休闲得体。吊带背心、短裤、凉拖等着装原则上是禁入的。未满21岁也禁止入内。需要带护照。场内禁止拍照。只可在吧台饮酒。24小时营业。

Do! experience 新加坡体验记

时下最热门的新观光景点

特别节目应接不暇，未体验区域
在圣淘沙名胜世界里狂欢

地图 p.75-B

圣淘沙岛比想象的要大。除了新加坡环球影城还有许多适合家人一起游玩的景点。早上只有到10点左右，各个设施才会开放，所以不早起也没关系。抵达圣淘沙岛后，岛内的交通都是免费的。午餐可以在马来西亚风味小吃云集的马来西亚美食街（→p.78）解决。

☎ 6577-8899　HP www.rwsentosa.com

☞ 新的特别节目

📖 S.E.A.海洋馆™
S.E.A.Aquarium　　　　　　　　地图 p.75-B

世界最大的水族馆

入口位于海洋博物馆，B1是号称世界最大水容量的水族馆，拥有通顶的设计，光线自然，视野开阔。除了有蝠鲼、拿破仑鱼畅游的大水槽之外，还有各种鲨鱼交错遨游的隧道等等，颇具心思的展示很有人气。

如此近距离观看，鲨鱼的巨大体型令人惊叹

🚇 从圣淘沙捷运滨海站步行5分钟　⏰ 10:00～19:00　休 无休　💲 1日券S\$38（儿童S\$28）（含博物馆门票，除高峰期以外也包含台风剧场门票）　☎ 6577-8888

💰 切身体验

📖 赌场
Casino 地图 P.75-B

对自己的牌技有信心的人可以一试。如何尽情玩耍，方法推荐见（→p.13）。

😐 圣淘沙名胜世界ESPA水疗
ESPA at Resorts World Sentosa　　地图 p.75-A

享受世界顶级的水疗体验

广阔的空间内设有热带林园和水池，在建筑物中也能透过巨大的窗檐充分感受大自然的光与风。新加坡首家土耳其式公共浴池，也设有单人间。套餐种类包含50种以上。

🚇 从圣淘沙捷运滨海站步行10分钟　📍 39 Artillery Avenue, Sentosa　☎ 6577-8880　⏰ 水疗 10:00～20:00（Spa设施使用时间 9:00～21:00）　休 无休　💲 按摩25分钟S\$100～，面部按摩美容1小时S\$225～

水上探险乐园
Adventure Cove Waterpark ™　　　　地图 p.75-B

穿着泳装游玩的海洋生物主题公园
　　这里有穿过热带雨林和洞窟的各种特色游乐池子，还有能体验浮潜的池子等等，游玩方式五花八门，还设有餐厅。另外给鳐鱼喂食（1天4次，另收费S$38）项目也很受欢迎。只需带着浴巾，还有一定记得防晒。

交 从圣淘沙捷运滨海站步行5分钟
营 10:00~18:00　无休　1日券S$36（儿童S$26）

 海豚岛
Dolphin Island ™　　地图 p.75-B

和海豚做朋友
　　这里可以和海豚进行直接亲密接触。可以有8种难得的驯养项目，不会游泳也没问题。儿童也可参加，但身高必须在122cm以上。

交 从圣淘沙捷运滨海站步行5分钟
营 10:00~18:00，完全预约制（☎6577-8888）
S$ S$198（儿童S$188~）

夜晚无疑锁定水幕光影音乐秀

 时光之翼
Wings of Time　　地图 p.75-A

主题是跨越时空的冒险
　　故事讲述的是孩子们为了将从远古时代穿越而来的巨鸟送回它的时代，经历了不同时代的奇特旅程。利用水幕、烟火以及激光投射等等方式将这一旅程展现出来。

交 从圣淘沙捷运海滩站步行5分钟
营 19:40、20:40（约30分钟）
在Beach Station 票务中心购票。小雨之外若遇雨天，表演中止　S$ S$18~

 仙鹤芭蕾
Crane Dance　　地图 p.75-B

浪漫的仙鹤求爱
　　全球最大的电子特技表演。由2只看似无支架的仙鹤机器人为主题，舒展着水幕翅膀，照亮巨大夜幕的同时有力而优美地舞动身姿。

交 从圣淘沙捷运滨海站步行7分钟
营 21:00（约10分钟）　休 周二~周四休息
S$ 免费

 梦之湖
Lake of Dreams　　地图 p.75-B

最后装点夜晚的表演秀
　　位于圣淘沙名胜世界内的喷泉表演。利用激光与音乐的联动，为人们展示了充满生命力的流水之美，真是梦幻世界。

交 从圣淘沙捷运滨海站出来即到
营 21:30（约15分钟）
休 无休　S$ 免费

时下最热门的新观光景点

沉浸于电影世界
在新加坡环球影城中共享天伦

新加坡体验记

地图 p.75-B

① 失落王国
② 遥远王国
③ 马达加斯加
④ 好莱坞
⑤ 纽约
⑥ 科幻城市
⑦ 古埃及

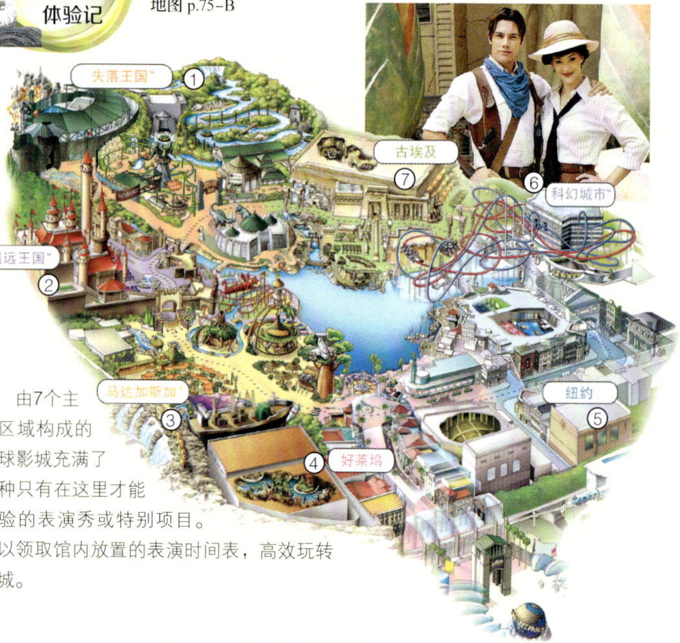

由7个主题区域构成的环球影城充满了各种只有在这里才能体验的表演秀或特别项目。可以领取馆内放置的表演时间表，高效玩转影城。

① 未来水世界™
Water World

令人震撼的逃生场面
再现经典电影世界熊熊火焰和惊天水柱演绎的惊险特技。规模绝对无与伦比。如果想从开场前就全情体验，可以前往观众席前方的全湿区，但要做好"湿身"准备。

② 史莱克4D冒险™
Shrek 4D Adventure

向着遥远王国的城堡进发
和史莱克一起解救菲欧娜公主吧！和3D影像同步反应的活动座椅、出人意料的机关设置，让你真实体验电影的奇妙世界。

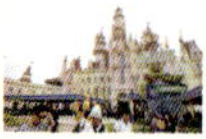

纽约街景

③ 马达加斯加：木箱漂流记™
Madagascar: A Grate Adventure

爷爷、奶奶和孙辈们可以一同游玩

和狮王亚历克斯、斑马马蒂、长颈鹿麦尔曼以及河马格洛丽亚四只动物一起乘坐木筏顺流而下，前往热带丛林大探险。项目时长9分钟，总体体验比较平稳。

⑤ 芝麻街之意大利面太空战™
Sesame Street Spaghetti Space Chase

和世界卡通人物大冒险

世界首个芝麻街表演项目。为了阻止3个密谋偷走地球上所有意大利面的超级大坏蛋的阴谋，艾摩和超级葛罗弗他们向宇宙展开了拯救使命。

⑥ 变形金刚3D对决之终极决战™
Transformers the Ride: The Ultimate 3D Battle

宛如自己在出演短片

以电影《变形金刚》为原型，乘坐专为USS设计的独特汽车机器人，和霸天虎恶势力展开激烈战斗。3D影像和现场的动感都十分真实震撼。

⑦ 木乃伊复仇记™
Revenge of the Mummy

充分体验惊险、刺激的项目

电影《木乃伊归来》中的木乃伊大军与圣甲虫不断袭来，唯有跟随过山车高速遁走。在不可预知的黑暗中急速上升下沉，刺激度绝对满分。

小知识

关于餐饮

各主题区都有相应的主题美食街，若想品尝新加坡环球影城独特的风味，推荐您前往位于失落王国内的Discovery Food Court享用新加坡风味美食。

交 紧邻圣淘沙捷运滨海站　营 10:00~19:00
休 无休　$ 1日票S$74（儿童票S$54）、捷运通S$30　☎ 6577-8888　HP www.rwsentosa.com

时下最热门的新观光景点

Do! experience 新加坡体验记

邻国马来西亚小旅行
隔海玩转魅惑新山
地图 p.6

从新加坡乘坐MRT+巴士，只需30分钟就可抵达富有浓郁马来文化和异国情调的马来西亚新山。从新加坡出发可以当日往返，因此新山之旅也颇具人气。

 伊斯兰建筑

 新山市政厅旧址
Bangunan Sultan Ibrahim　地图 p.6-B

已成为地标、建于市内小山丘上的萨拉森帝国风格建筑。威严的建筑内还有建于1940年、64米的高塔。建筑内部大厅内的镶嵌工艺十分精美。

苏丹阿布峇卡清真寺
Masjid Sultan Abu Bakar（Abu Bakar Mosque）　地图 p.6-B

1900年建成的清真寺
　白色外墙上镶嵌绿色浮雕，屋顶一片湛蓝，它被称为马来西亚最美清真寺。只要不是礼拜时间可以进入内部参观。礼拜时整个寺庙回荡着古兰经声。在晴朗的日子从这里可以一览新加坡。

交 从新山站步行20分钟
参观自由（只限外部）　S 免费

交 从新山站步行10分钟　营 8:00～16:30
（只能参观建筑外部，内部参观需要预约）
休 周五・周六休息　S 免费

苏丹阿布巴卡王宫博物馆
Istana Bukit Serene/Royal Abu Bakar Museum　地图 p.6-B

经整修后再度开放
　矗立于拥有兰园和蕨类植物园这些富含绿意植物园的王宫花苑内，是维多利亚风格建筑。王宫内部设为博物馆，展出王族们遗留的金银制品及服饰等。

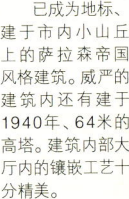

交 从新山站步行15分钟
☎ 607-223-0555

专业导游建议

Bumbu Asli酱　Restoran Bumbu Asli

效仿欧式肉酱意面制作的叻沙。用鱼酱和研碎的虾干等拌成的辣酱制作的意面。在市区只有此店能够吃到。

新山叻沙店
交 从市区中心打车10分钟　✉ #G-04 Blok6 Jalan Scupni Batu4 1/2 Danga Bay　☎ 无
营 8:00～16:00
休 隔周周五休息
S RM10

主题公园

马来西亚乐高乐园
LEGOLAND Malaysia　地图 p.6-A

近年备受瞩目的伊斯干达计划先驱者

这是一个拥有跨年龄粉丝群的乐高主题乐园。共分为乐高王国、乐高技术园区、小人国等7个区域。不论从乘坐的设施还是设计的游乐项目来看，年龄较小的孩子也能安心玩耍。最吸引人眼球的是小人国的乐高模型。还可以用乐高积木精巧重现亚洲各地的名胜古迹。

交 从MRT克兰芝站乘坐巴士CW1路约20分钟到拉庆公交总站换乘巴士LM1约30分钟抵达
✉ 7, Jalan LEGOLAND, Bandar Medini ISKANDAR Malaysia, 79250, Nusajaya, Johor.　营 10:00~19:00（水公园~18:00）　休 无休　$ 1日券（含主题公园和水公园）RM175（儿童3~11岁RM140, 2岁以下RM10）
☎ 607-597-8888　HP www.legoland.com.my

JB奥特莱斯

内有上下2层通道，类似林荫游步道。100家以上店面一气连接。这里不仅有巴宝莉、古驰这些奢侈品，也有Charles & Keith、G2000等当地有名的品牌，还有许多未登陆中国的品牌，尤其是鞋、包非常有设计感。价格未必比新加坡便宜，但是有可能淘到自己心仪的物品。另外还有10家左右的咖啡厅和餐厅供享用。

新山奥特莱斯
Johor Premium Outlets　地图 p.6-B外

交 从MRT克兰芝站乘坐CW1巴士约20分钟到JB中心，再从JB中心乘坐巴士JP01路约1小时　✉ Jalan Premium Outlets, Indahpura, Kulaijaya, 81000 Johor Darul Takzim　☎ 607-661-8888　营 10:00~22:00
休 无休
HP www.premiumoutlets.com.my

小知识

入境马来西亚

进入马来西亚海关时，需要录入左右食指的指纹，护照上需要盖章，粘贴出入境纸片。其余手续照常。出关时程序与入关相同，海关人员会收回之前贴在护照内的出入境纸片。进入新加坡海关时，就按照一般程序填写出入境卡。

Do! experience 新加坡体验记

ZOO动物园 发烧友 不容错过

鸟的乐园，摄于鸟类公园

不论是观察夜间动物的夜间野生动物园，还是以淡水生物为主题的河川生态园，又或是能体验野生世界的新加坡动物园、观赏鸟类的裕廊飞禽公园，都以独特的展示大受欢迎。除了鸟类公园以外，其余3个动物园相距较近，可以一并游览，但是每个动物园都很大，记得要预留充足时间。

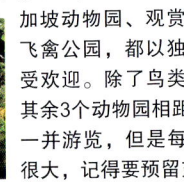
老虎慵懒的神情，摄于夜间野生动物园

还能观赏到熊猫的河川生态园

紧张、刺激，时而冒冷汗
光顾夜间野生动物园，来场"丛林体验"

地图 p.6-B

少见的日落后才开园的动物园。园区由东环和西环构成。两条路线都可乘坐游览车观光，东环路线还可走游步道。

动物们的夜晚表演绝对值得一看

园内没有任何栅栏或笼子，游客与动物之间由看不见的界限分隔开。灯光照明仅限于月光的亮度，动物们显得越发神秘。

刺激感倍增的表演。动物们在距离头顶仅10cm的地方追逐嬉戏，还有卖萌的小动物们。当巨型大蛇登场时全场骚动。表演会场是一个圆形剧场。

观演人多，早点入席

交 从入门广场步行5分钟
营 19:30、20:30、21:30（周五、周六及节假日前一日加演一场22:30） 表演共约30分钟 **休** 无休（雨天中止）
$ 免费

交 从MRT宏茂桥站乘坐138路巴士到新加坡动物园站前下车/公交枢纽（☎6753-0506 **HP** www.bushub.com.sg）有乌节路地区发车的和滨海湾区发车的2条路线。需要1小时。发车时间18:00、19:00、20:00、滨海路线18:30。返程21:30以后每15~30分钟一班，最后一班23:00 / 打的到市区约S$30
营 日落后~24:00（入门广场17:30~，门票出售~23:00） **休** 无休 **$** S$39（儿童S$25）
☎ 6269-3411
HP www.nightsafari.com.sg

Ulu Ulu Safari 自助餐厅
Ulu Ulu Safari Restaurant

交 从入口广场步行1分钟　✉ 80 Mandai Lake Rd,
☎ 6269-3411
营 17:30~23:00　休 无休　$ S$30

火焰表演、部落舞蹈

在入门广场举行。广场附近有Ulu Ulu Safari自助餐厅，可以用完晚餐、看完舞蹈表演之后入园。

营 18:45、20:00、21:00（周五、周六、节假日前夜22:00加演）约25分钟　休 无休（雨天中止）　$ 免费

专业导游建议

通票种类以及有用信息

　　夜间野生动物园、河川生态园、新加坡动物园、裕廊飞禽公园这4家动物园，若想去其中的2家以上，推荐购买Park Hopper 套票，可自由组合想参观的动物园。30日以内使用都可。

Park Hopper（含园内游览车票）
4in1：成人S$103、儿童S$65
　　　比单独购买便宜S$24
3in1：比单独购买便宜S$14
2in1：比单独购买便宜S$8

夜间野生动物园

21

Do! experience 新加坡体验记

ZOO动物园 发烧友 不容错过

世界五大河的美妙体验
在河川生态园与熊猫相会

地图 p.6-B

这是以河川为主题的独特淡水生物水族馆。里面包括密西西比河、尼罗河、长江等世界五大河流的珍稀动物展示区，还有以乘船穿越热带丛林的亚马逊河探险为中心内容的亚马逊区。

能感受动物呼吸的巨大饲养园

这里有模拟熊猫生存环境的空调饲养园熊猫森林，进入其中便可近距离观察自由活动的熊猫们，还能在松鼠猴树林与松鼠猴亲密接触，感受自然生态。

若想休息

"熊猫妈妈厨房"提供熊猫主题的卡布奇诺和豆包。

大熊猫凯凯（雄）和嘉嘉（雌）充满活力

这里还有展示娃娃鱼和海牛等珍稀淡水动物的专门展示区

记得提早预约

乘坐小舟顺流而下的河川探险大概10分钟时间。不仅能近距离还能以低视角观察动物们，这种兴奋很难体会到。

🏕 10:00～16:00 每30分钟一趟
休 无休 💲 S$5
（儿童S$3，身高106cm以下不可乘坐）

🚇 从MRT宏茂桥地铁站出来坐138路巴士在新加坡动物园站下车/公交枢纽（☎ 6753-0506 HP www.bushub.com.sg）有乌节路区和滨海湾区2条线路。需1小时。前者发车时间9:00、10:00、12:00（成人S$5，儿童S$2.5），后者发车时间9:00、12:00（成人S$5，儿童S$2.5）。返程巴士14:30之后每1小时一班，末班车18:30/打车到市区约S$30
🏕 9:00～18:00 休 无休
💲 S$25（儿童S$16）
☎ 6269-3411
HP www.riversafari.com.sg

与动物的相遇充满戏剧性
活力四射的
新加坡动物园

地图 p.6-B

不使用任何栅栏、笼子，利用河川、树木或地形划出界线，完全接近自然状态的饲养和展示。安全的动物们完全放养，游客能超近距离接触。简直就是身临野生动物世界的感觉。还有很多亲近动物的表演。

最具人气的白虎

微笑的猩猩家族

早餐表演（丛林早餐）时，离舞台最近的座位一到表演时间容易变得混乱，建议坐在稍微靠里一些的位置，也可避免阳光直射。

💲 S$32（儿童S$22）自助形式

保卫森林！

在阶梯剧场，猩猩和鹦鹉等许多动物现身穿行于观众头顶，和婆罗洲的原住民们共同拯救森林。

北极熊的"狗刨"深受游客青睐

新开设的冰之冻原地带（frozen tundra）场馆里，北极熊在自由畅泳。

🏛 12:30、14:30

🏛 10:00、13:00、16:00（喂食）

🚉 从河川生态园步行1分钟。公交枢纽（参考前面） 🏛 8:30~18:00 休 无休 💲 成人 S$28（儿童S$18），游览车S$5（儿童S$3） ☎ 6269-3411 🌐 www.zoo.com.sg

专业导游建议

如何玩转动物园与河川生态园

趁早晨凉爽时候来到动物园。想体验"丛林早餐"活动的人，一开园就入园，直接前往Ah Meng餐厅。猩猩们的表演大概从9点半开始，您可以边吃早餐边确认园区指南上记录的表演或动物喂食时间。步行参观全程需要2~3小时，推荐您乘坐游览车可以提高效率。

不论是动物园还是河川生态园里都有餐厅，可以任选以便解决午餐。中午日头正烈，可以转移到河川生态园，那里有河面吹来的凉风，游步道上也设有屋檐，就算遭遇暴雨也没问题。

ZOO动物园 不容错过

发烧友

被五彩缤纷的鸟儿们调养
裕廊飞禽公园别具一格

地图 p.6-E

这里聚集了世界上400种、5000只以上的鸟,这是一个拥有能让鸟儿自由飞翔的世界最大鸟屋的鸟类王国。除了耳熟能详的企鹅等鸟科动物,还能观察猫头鹰等夜行鸟类的生态,观察鸟类从卵孵化到放养之前的雏鸟过程。

和鸟做朋友

在彩鹦谷可以给多彩鹦鹉喂食。鸟儿们来势很猛,一定要抓紧装饵食的杯子。

先坐游览车绕一周

游览车站共有3处。绕一周约10分钟。每5~7分钟一趟。

💲 游览车S$5(儿童S$3)

世界最大的鸟类饲养屋

非洲瀑布鸟舍里既有吊桥还有30m高的瀑布,空间大得让人忘记它是封闭的。鸟儿也如同在原生林中一般充满朝气地飞来飞去。

空中禽王秀

猛禽向着饵食方向从人们头上低空飞过,那精悍的姿态令大人、小孩都兴奋不已。

📧 飞鹰世界
🕐 10:00、16:00,约30分

飞禽表演

色彩斑斓的鹦鹉以趣味性的表演打动观众。

📧 博彩剧场
🕐 11:00、15:00,约30分钟

🚇 出MRT文礼地铁站坐194路(直行)、251路巴士到裕廊飞禽公园站下车/公交枢纽(☎ 6753-0506 🌐 www.bushub.com.sg)有乌节路区出发和滨海湾&牛车水地区出发的2条线路。去程9:00、12:00,返程14:30、17:15各2趟。大概需要1小时。单程票价成人S$5,儿童S$2.50/打的前往市区约30分钟,S$15~20 🕐 8:30~18:00 休 无休 💲 S$25(儿童S$18) ☎ 6265-0022(自动答录) 🌐 www.birdpark.com.sg

令人憧憬的Singapore象征

不论是雕像实物还是小礼品都能看到
满是鱼尾狮的印迹

在梵文中意为狮子的singa和意为城市的pura组合而成的Singapore，它的吉祥物便是鱼尾狮（Merlion）。

鱼尾狮塔
地图 p.75-B

高37m的巨大鱼尾狮身像。雕像头部与嘴部是瞭望台。

🚇出圣淘沙捷运英比奥站即到
🕙10:00～20:00
休 无休
💲S$12

花柏山
地图 p.102-I

海拔115m的小山丘。从这里眺望市区或圣淘沙岛，感觉非常棒。

🚇从港湾乘坐缆车（→p.43）5分钟后抵达花柏山，下车步行10分钟 园内自由活动 💲免费

鱼尾狮公园
地图 p.105-G

会吐水的鱼尾狮只有这里才有。不论昼夜都大有人气。

🚇从MRT莱佛士坊站H出口步行7分钟

鱼尾狮小商品

鱼尾狮木雕
共有10个品种。最小型的S$4。文华购物廊（→p.56）的Mellisa杂货店有售

鱼尾狮QP
很可爱的手机链。S$14。T广场（→p.55）的JTB柜台有售

鱼尾狮USB
书桌用品。4GB S$24.90～。高岛屋购物中心（→p.56）有售

鱼尾狮印章
鱼尾狮的表情微妙不同。S$20～牛车水（→p.62）有售

鱼尾狮巧克力
独立多色包装，特别适合做礼品。一盒12粒装S$9 伊势丹史各士百货店

令人憧憬的Singapore象征

历史悠久的莱佛士酒店

拥有110多年历史,优雅宁静的时间弥漫着独特气氛的莱佛士酒店。若想解读酒店历史,说不定有出人意料的发现

圣诞时节装饰一新的外观

传说中的酒店

与新加坡历史共同前行的酒店

1887年12月英国殖民时期,由槟城实业家薛克兹兄弟创建,最早是一座仅有10间客房的木质建筑物。随着设施不断扩大、增加,最终成为侨民当地的欧美人及游客们最出名的社交场所。在20世纪30年代之前,酒店呈现一派兴盛景象。在第二次世界大战中曾被日军占领,二战结束后由于盟军胜利,又转为英军的宿营地。酒店再次开放营业是1946年。当新加坡成为著名的自由贸易港口及旅游胜地后,莱佛士酒店也作为高级酒店名声再造。1993年酒店又恢复了全盛时期作为惯例举办的新年前夜晚会,并在传统保护方面不断加大力度。

🚇 从MRT政府大厦站A出口步行5分钟,从MRT滨海中心站F出口步行1分钟
✉ 1 Beach Rd. ☎ 6337-1886 HP www.raffleshotel.com ※酒店信息参照p.80

殖民时代的建筑风格至今犹存

明信片上描绘的是20世纪10年代的莱佛士酒店。1904年曾被欧洲赋予"苏伊士以东最棒的酒店"之评价。

威廉·索默赛特·毛姆于1921年和1959年到访酒店。他在客房里写下的可是巨作《太平洋》?

创业者照片
莱佛士酒店由薛克兹兄弟4人创立

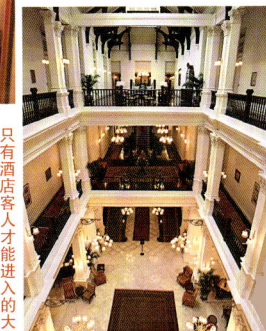

只有酒店客人才能进入的大堂
酒店大堂景观于1991年修缮,重现了20世纪初的文艺复兴样式

莱佛士酒店拱廊

充满异国风情

露天的中庭被殖民时代白色风格建筑的回廊包围，建筑内以高端奢侈品为主，入驻了各种时尚店铺。如果想购买新加坡独特的伴手礼，一定不能错过莱佛士酒店的礼品店内的原创商品。

充满开放感的氛围。可以一边愉悦地欣赏建筑以及中庭的丰富绿意，一边享用美食

莱佛士酒店礼品店

Raffles Hotel Gift Shop　地图 p.105-C

✉ Raffles Hotel Arcade 1F　☎ 6412-1143　🕘 8:30~21:00　休 无休

演绎凉爽的喷泉

Ah Teng烘焙屋

Ah Teng's Bakery　地图 p.105-C

✉ Raffles Hotel Arcade 1F
☎ 6412-1816
🕘 7:30~18:00
休 无休　💲 S$30

有名的酒吧和美食

从咖啡到真正的餐厅，种类丰富齐全

Ah Teng烘焙屋里既有三明治等轻食品，也有蛋糕，是个休闲系店铺。下午茶套餐需要S$10左右。此外还有Long酒吧、带露台的莱佛士中庭区，都能让游人身心放松。

在客人面前调酒

Long酒吧

Long Bar　地图 p.105-C

✉ Raffles Hotel Arcade 2·3F
☎ 6412-1816　🕘 11:00~次日0:30（周五、周六~次日1:30）
休 无休　💲 S$30

Long酒吧是鼻祖

新加坡的著名鸡尾酒新加坡司令，是由金酒、樱桃白兰地和菠萝汁等混合调制而成。淡淡的甘甜，口感清爽。据说1910年在Long酒吧就诞生了这款鸡尾酒。

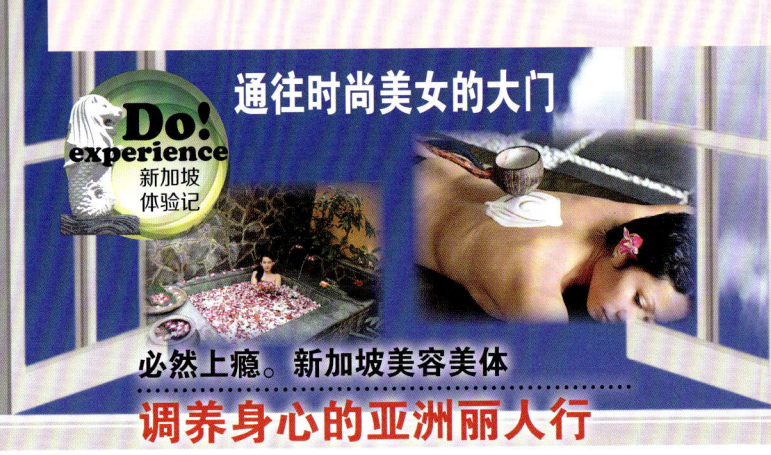

通往时尚美女的大门

Do! experience 新加坡体验记

必然上瘾。新加坡美容美体
调养身心的亚洲丽人行

Spa系列

新加坡是个多民族国家，所以Spa操作手法有印度尼西亚式、印度式、西式等多种多样。不光是身体美容，据说还能美化心灵。

蔚柳溪水疗
Willow Stream Spa　地图 p.104-B
世界级品牌的豪华Spa

首先会针对客人的血压、过敏史等相关问题做个问卷调查。如有希望重点按摩的部位，可以提前说明。来自巴厘岛的技师经验丰富，会先用磨砂膏去除全身角质，冲洗干净后再用精油按摩。Spa项目有严守传统的瑞典式、泰式、指压式等东西方结合的30多种手法可供选择。

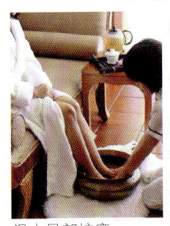

温水足部按摩

交 从MRT政府大厦站A出口步行1分钟
✉ 80 Bras Basah Rd, Fairmont Singapore 6F
☎ 6431-5600　营 7:00~22:00（预约9:00~）
休 无休　$ 60分钟S$175~
HP 2www.fairmont.com/singapore/willowstream

So Spa水疗
SO SPA　地图 p.75-B
极致的水疗体验

不得不提的是以下这个套餐项目，在开放式空间为情侣设计的私密亭帐内，经过集中深压式直接按摩、磨砂膏排毒、香薰按摩之后，最后全身泡在飘满鸡蛋花花瓣的浴缸里，感觉无比幸福。

一直令人向往的花瓣浴

交 圣淘沙Resort&Spa巴士站附近
✉ 2 Bukit Manis Rd, Sentosa Resort & Spa Hotel
☎ 6275-0331　营 10:00~21:00
休 无休　$ 60分钟S$180~
HP www.singaporeresortsentosa.com

Beauty系列

在旅行地扮演不一样的自己，这样的小改变也让人开心。在身体上做些手绘或者做个指甲彩绘，是新加坡当地的基本时尚。

反射美容中心

Reflecion Beauty Centre　地图p.104-B

看上去像可爱的刺青

在印度结婚仪式或生日等喜庆日子里，通常女子会在身上做汉娜手绘。这种手绘文身在新加坡也成为了时尚元素。

图样可以让师傅自由发挥，也可从图案册中挑选

交 从MRT政府大厦站B口出来步行5分钟　✉ #B1-29/30 The Adelphi 1Coleman St.　☎ 6338-3539　营 11:00~20:00（周六~17:00）　休 周日、节假日　$ S$10~

女王时尚生活馆

Queen's Market　地图p.108-F

美甲和礼品杂货一应俱全

想到旅游地尝试大胆的颜色，却又担心语言问题，没关系，这里用中文交流也OK。还有小点心和精品柜台呢。

美甲彩绘样本也十分丰富

交 从MRT丹戎巴葛站A出口步行7分钟　✉ 16A Tanjong Pagar Rd.　营 9:00~20:00（最终预约）　休 周日　$ S$100（双手）

不论印度式还是中式按摩都很正宗。舒服得说不定让你上瘾。现在再也不用带着旅途的疲惫回国了。

Massage系列

汉方保健中心

古方推拿保健中心　Ancient Chinese Wellness Centre　地图p.108-F

中式按摩的特征是娴熟的指压按法

新加坡华人数量很多，因此高水平的华人按摩技师也不少。中式按摩专注穴位。有兴趣的话可以拔个火罐，用真空圆形玻璃瓶吸附住皮肤，可促进血液循环。但要注意拔火罐的痕迹会保留四五天。

拔火罐有助血液循环，推荐感兴趣的朋友

交 从MRT丹戎巴葛站A口出来步行3分钟　✉ #02-109, Block7, Tanjong Pagar Plaza　☎ 6323-1098（周六、周日要预约）　营 10:00~18:00（前台接待到18:00）　休 周三、中国春节　$ S$65~

阿育吠陀印度医馆

Ayush Ayurvedic　地图p.110-F

印度传统医学阿育吠陀

首先要诊断。医生会诊脉诊舌头

经过诊断后，会开出适当的理疗处方。当然顾客若有自己想做的理疗方案也可以。最具代表性的治疗方法是被称作脑部按摩的净化治疗（Shodhana疗法）。通过向额头持续、缓慢地浇注温热的植物药油来放松人体中枢神经，并达到终极治愈的效果。

交 从MRT花拉公园地铁站F出口步行3分钟　✉ 146 Race Course Rd.　☎ 6398-0415（需要预约）　营 9:00~21:00　休 印度正月　$ S$50~　HP www.ayurvedasg.com

Do! experience 新加坡体验记

通往时尚美女的大门
你是名流派，还是平民派？
名式甜品大荟萃

如果想体验英式传统食品可以选择下午茶或傍晚茶。此外也有新加坡本地甜品，包装简洁有个性。如果你是甜品控，二者都不容错过。

下午茶

TWG Tea Salon & Boutique
TWG Tea Salon & Boutique ION Orchard　地图 p.106-J

喝红茶还是首选这里

在TWG沙龙可以享受下午茶。热腾腾的三明治，司康配上现烤马芬，还有店内招牌的马卡龙点心。组合丰富，而且选择种类也很多，甚至不知道该选什么了也成为了这里的乐趣。

交 直接与MRT乌节路地铁站相通　⌂ 2 Orchard Turn, #02-20/21 Ion Orchard 2F　☎ 6735-1837　营 10:00~22:00（下午茶 15:00~18:00）　休 无休　$ S$39（下午茶套餐）

Tiffin Room 高级餐厅
Tiffin Room　地图 p.105-C

美食派里颇具人气

除了传统的3层托盘架里盛放的三明治、蛋糕以外，取餐台上的菜品也相当豪华。这里甚至需要排队，可见人气不一般。连自己都想穿时尚就餐。

雅致的成人社交场所

交 从MRT政府大厦站A口出来步行5分钟　⌂ 1 Beach Rd. Raffles 1F　☎ 6412-1816（要预约）　营 15:30~17:30　休 无休　$ S$58

Equinox 餐厅
Equinox Restaurant　地图 p.104-B

景色也超赞

位于Equinox Complex内。傍晚茶餐厅里亚洲料理、司康、蛋糕、甜点等品类多样。69层的窗外景色也十分"美味"。

交 在MRT政府大厦站A出口附近　⌂ 2 Stamford Rd. Swissôtel The Stamford 69F　☎ 6837-3322　营 15:30~17:00　休 无休　$ S$43

当地甜品

紫（Purple）

将甜点与红酒融合是它的理念。由黑茶藨子果酒、紫薯、薰衣草等独特的原材料及颜色制成的独创甜品。

2am甜品店

2am dessertbar 地图 p.57

交 从MRT荷兰村站C口出来步行5分钟
✉ 21a Lorong Liput, Holland Village
☎ 6291–9727 要预约
营 16:00～2:00
休 周日
$ S$30

PS咖啡屋

PS.cafe 地图 p.109–G

交 从MRT直落亚逸站出来步行5分钟
✉ 45 Ann Siang Hill ☎ 9797–0648
营 16:00～18:00（喝茶时间）休 无休
$ S$30

太妃沙司布丁（Toffee Sauce Pudding）

在隐蔽氛围中的时尚咖啡厅。温热的布丁与冰激凌的组合堪称绝品。

杏仁雪花冰

有名的雪花冰，宛若薄丝层叠，刨冰口感蓬松柔软，还夹有丰富的热带水果。

味香园甜品

Mei Heong Yuen Dessert 地图 p.108–B

交 从MRT牛车水站A口出来步行3分钟
✉ 67 Temple Street
☎ 6221–1156
营 10:30～22:00
休 中国春节休业3天
$ S$10

Legnaa赤脚印度餐厅

Lagnaa Bare Foot Dining 地图 p.110–F

交 从MRT小印度站E出口出来步行7分钟
✉ No.6 Upper Dickson Road ☎ 6296–1215
营 11:00～22:30
休 屠妖节休业2天
$ S$10

杧果冰激凌（Klufi）

大量使用豆蔻、坚果的充满印度浓郁传统风味的冰激凌。这是该店自制品，成分因季节有变。

仙草加什果

上等的甜蜂蜜汁配上丰富的水果，口感绝妙。绝对上得了排行榜的中式甜品店。

阿秋甜品

Ah Chew Desserts 地图 p.111–K

交 从MRT武吉士站C口出来步行3分钟
✉ #01-10/11 1Liang Seah St, ☎ 6339–8198
营 12:30～23:30（周六・周日13:30～24:30）
$ S$10

跟着美食家进行探索

欢迎来到美食迷宫

速成新加坡美食通

对于美食家们来说这里绝对是美食天堂。本节介绍的美食亦是当地料理，来到新加坡绝对不容错过。掌握这些信息，你也可以成为新加坡的美食通。

辣椒螃蟹 Chilli Crab
蟹肉的甘甜与红辣椒的辣味组合，酿出绝妙的海鲜料理味蕾体验。

纸包鸡 Paper Chicken
将鸡肉和调料汁用油纸包裹炸制而成。只有在喜临门大饭店（Hilman Restaurant）（卞记）等个别餐厅才能吃到。人们口口相传的一道人气美食。

咖喱鱼头 Head Fish Curry
将新鲜鱼头配以咖喱汁炖煮而成。鱼的鲜味与咖喱汁融合，口感十分丰富。

穆特咖喱餐馆
Muth's Curry 地图 p.110-F

咖喱鱼头是本店首创。
- 交 从MRT花拉公园站F出口步行3分钟
- #01-01-138 Race Course Rd.
- ☎ 6392-1722
- 营 10:00~22:00
- 休 屠妖节休业2天
- S S$30

珍宝海鲜楼（河滨坊店）
JUMBO SEAFOOD Riverside 地图 p.104-E

把辣椒螃蟹夹入炸馒头里吃。
- 交 从MRT克拉码头站B出口出来步行3分钟
- 30 Merchant Rd. Riverside Point
- ☎ 6532-3435
- 营 12:00~14:15、18:00~23:15
- 休 中国春节
- S S$50

喜临门大饭店
Hilman restaurant 地图 p.111-G

旅居新加坡的中国人也常常光临的纸包鸡名店。
- 交 从MRT花拉公园站H出口出来步行5分钟
- 135 Kitchener Rd.
- ☎ 6221-5073
- 营 11:30~14:30、17:45~22:30
- 休 中国春节
- S S$30

叻沙 Laksa

汤汁加入了浓郁的椰奶和辣椒酱，是口味较辛辣的米粉。

海南鸡饭 Chicken Rice

用煮好的鸡肉高汤做出的米饭。软嫩的鸡肉蘸上辣椒酱或略带甜味的老抽食用。

酿豆腐 Yong Tau Fu

蔬菜配上包有鱼肉的豆腐炸煮而成，可以加入汤面或直接蘸酱食用。

肉骨茶 Bak Kut The

带骨头的猪肉用多种中药熬制而成的汤类料理。可以一边喝茶，一边配米饭食用。

福建虾炒面 Fried Hokkien Mee

面条和米粉混合，加入虾、鱿鱼等配料一起炒制而成。类似咸味虾炒荞麦面。

文东记
Boon tong Kee 地图 p.102-F

很受当地人喜爱的海南鸡饭店。由当地人气带动，造访的游客也很多。

交 从MRT中峇鲁站B出口步行20分钟　✉ 425 River Valley Rd.　☎ 6736-3213　营 11:15~次日4:00　休 中国春节　$ S$30

欧南园亚华肉骨茶
Outram Park Ya Hua Rou Gu Cha 地图 p.103-K

店内的肉骨茶很有名。配汤看上去淡淡的半透明状。

交 从MRT丹戎巴葛站H出口步行10分钟　#01-05/07 Tanjong Pagar Complex, 7 Keppel Rd.　☎ 6222-9610　营 6:00~次日4:00　休 周一、中国春节　$ S$10

新旺咖啡店
Xin Wang Coffee & Tea House 地图 p.111-C

的哥师傅们常光顾，只卖福建虾炒面的人气店铺。

交 从MRT花拉公园站G出口步行5分钟　✉ 566 Serangoon Rd.　☎ 无　营 16:30~23:00　休 周一　$ S$10

Do! experience 新加坡体验记

跟着美食家进行探索
美味又实惠的大排档
立马变身资深排档达人

在旅行地不仅要享受豪华美食，民间风味也一定要尝尝。被称作"新加坡人后厨"的大排档，在这里可以了解到当地老百姓的口味。

椰浆饭
印度尼西亚风味的必备料理之一。小菜配饭的咖喱料理。

沙爹
用鸡肉或羊肉做的烤串，配上甜味花生酱。

炒粿条
扁平的宽米粉加上蔬菜、蛤等配菜用甜味老抽炒制而成。

花篮饼（桂拍地）
薄饼皮里包着蔬菜、虾等，做成可爱的形状。当地人也称"小金杯"。

纽顿熟食中心
Newton Food Centre 地图 p.102-B

这里可以吃到新鲜的海味。很受游客追捧，但价格稍贵。
- 交 从MRT纽顿站出来步行2分钟
- 📍 500 Clemenceau Av.North
- 📷 无
- 営 17:00~24:00（各店不同）
- 休 中国春节
- 💲 S$20

麦士威熟食中心
Maxwell Food Center 地图 p.108-F

以中式菜居多，各种小档口鳞次栉比。
- 交 从MRT牛车水站A出口步行7分钟
- 📍 1 Kadayanallur St.
- 📷 无
- 営 5:00~24:00（各店不同）
- 休 中国春节
- 💲 S$10

老巴刹美食中心
Lau Pa Sat Festival Market 地图 p.109-H

位于历史老建筑内，菜色丰富多样，观光团也经常光顾。
- 交 从MRT市中心站出来步行3分钟
- 📍 18 Raffles Quay
- 📷 无
- 営 11:00~24:00（各店不同）
- 休 中国春节
- 💲 S$20

云吞捞面
淋上汤汁食用。汤与面分开的云吞面。

乌打
在碾碎的鱼肉里加上椰浆、辣酱混合腌制,之后裹在椰子叶里蒸软再用炭火微烤。

炸糕
马来甜点。西米研碎后做成的小糕状点心。

甜品

摩摩喳喳
配有椰奶、红糖汁、果冻等小点的冰品。

甜汤
添加了桂圆、枸杞等中药食材,用红糖水熬成的热甜品。

Makansutra老饕湾
Makansutra Gluttons Bay 地图 p.105-G

《美食家》杂志上榜推荐的露天优质餐饮店。还可以欣赏Wonder Full水幕幻影秀(→p.12)。
交 从MRT滨海中心站D口出来步行5分钟 ⬛ 8 Raffles Av.
营 17:00～次日2:00(周五、周六16:00～次日3:00)
休 中国春节 S S$20

Galleris餐厅
Galleris 地图 p.105-C

半露天的屋外座位可以远眺滨海湾金沙和市区景色。
交 从MRT滨海中心站B口出来步行5分钟 ⬛ 6 Raffles Blvd.滨海广场4层
营 11:00～22:00(各店不同)
休 中国春节 S S$20

大食代美食广场
Food Republic 地图 p.106-F

菜品丰富,价格合理。白天人流较混杂。
交 从MRT乌节路站D出口步行2分钟 ⬛ 435 Orchard Rd. Wisma Atria 4F
☎ 6737-9881
营 8:00～22:00(周五～日～23:00) 休 无休 S S$20

跟着美食家进行探索

看得惊奇，吃得感动

美味水果吃不够

新加坡的热带水果品种丰富，但要想带回国，可能面临海关检疫问题。既然如此，那就放开肚皮在这里吃个够吧。

刺果番荔枝（常年）
酸甜口味，黏稠状的果肉独特而美味。

山竹（6~7月）
酸甜可口。被称作"水果王后"。

龙眼（7~8月）
果实比荔枝小一些，很甜。也称桂圆。

菠萝蜜（常年）
世界上最大的果实。通常将果肉挖出来用袋子装着卖。味道很甜。

火龙果（4~7月）
近年很有人气的越南产水果。口感微甜爽口。

红毛丹（6~8月）
果实比荔枝略大，更水灵一些。不会太甜。

杨桃（常年）
成熟后的黄色果实甜味爽口还很多汁。

小知识

怎么挑选好吃的榴梿

榴梿果肉呈黄色的膏状，口感像浓郁的奶酪并带有浓烈气味，因此对于它的喜好可谓泾渭分明，一旦喜欢上便可能一发不可收拾。如何区分是否熟透？隔着手闻榴梿的气味，如果香味浓郁，再晃一晃榴梿，如果感觉里面的果肉充盈，就是比较成熟的。

此外，榴梿也分为XO或者D等好几个品种，每个品种的口味也略有不同。

榴梿（常年）
被称为"水果之王"。口味独特，气味很浓。

Do! experience 新加坡体验记

黄昏时刻的享受
夜色中浅酌微醺

Lantern屋顶酒吧
Lantern 地图p.104-J

滨海湾就在近旁

位于浮尔顿海湾酒店的屋顶，坐拥有泳池景观的餐吧。建筑物的位置过去曾是海湾中突出的码头，所以海湾景色更加逼近，让人身临其境。这里是欣赏暮色或夜景的绝佳观景点。还有独创的鸡尾酒。

🚇 从MRT莱佛士坊站B出口出来步行3分钟　📍 新加坡浮尔顿酒店（→p.81）　☎ 6597-5299
🕗 8:00~次日1:00（周五·周六·节假日~次日2:00）　休 无休　💲 S$30

帝王草莓莫吉托
（Imperial Berry Mojito）

特调鸡尾酒"帝王草莓莫吉托"是以兰姆酒为基底加上草莓、薄荷叶和香槟调制而成。

1-Altitude摩天酒吧
1-Altitude 地图p.104-F

用62层楼顶的美景做下酒菜

新加坡最高的开放摩天酒吧。可以俯瞰滨海湾金沙大酒店正面，绕一圈就可360度瞭望新加坡全景。可以一边听着现场演奏，一边陶醉于夜景之中的成人社交场所。允许吸烟。雨天休业。需穿小礼服。

🚇 从MRT莱佛士坊站B口出来步行1分钟
📍 One Raffles Place, 1 Raffles Place
☎ 6438-0410　🕗 18:00~次日2:00（周五、周六~次日4:00，周日~次日1:00）　休 无休　💲 S$50

LeVel33迷你酿酒餐厅
LeVel33 地图p.105-K

畅饮当地啤酒，一览滨海湾

专用电梯直通33层。入口处的啤酒桶十分壮观。滨海湾的景色也十分壮丽。在渐渐变凉的傍晚之后，推荐您选择露台座位（需要预约）。能品尝到5种当地啤酒的品酒套餐很受欢迎。

🚇 从MRT市中心站出来步行3分钟　📍 8 Marina Boulevard #33-01 MBFC Tower1　☎ 6834-3133
🕗 11:30~24:00（周六11:00~次日2:00）　休 无休　💲 S$30

新加坡啤酒

尝尝当地啤酒吧。主要的品牌如下。可以在便利店或超市买到。

"虎牌"啤酒（Tiger）

在新加坡当地超级流行的啤酒，几乎喝不出苦味的低度酒。

"力加"啤酒（Anchor）

和"虎牌"啤酒是姊妹品牌。力加啤酒的口感更淡一些，价格也更平民。

"ABC"啤酒

说是黑啤，不如说一半一半的感觉，没什么苦味。

新加坡市内交通

在交通网络发达的新加坡，电脑控制运行的地铁MRT、行走于各个街区网眼的巴士路线、台数众多且收费便宜的出租车，是新加坡交通的三大支柱。在游览市内景点时，可以根据地点和目的有效利用各种交通工具。

MRT
起步价：约S$1.50

新加坡国内的MRT（Mass Rapid Transit），由SMRT和SBS Transit两家公司运营。在市区或乌节路等繁华区运行于地下，在郊区走高架。站内检票实现自动化，工作人员一般只在检票口附近的岗亭内。若是地下车站，一般都设计成带屏蔽门的形式，当车门开启，屏蔽门也同时打开。主要的观光景点都设有地铁站。市区内的乘车票价一般在S$1.50左右，比较便宜。身高90cm以下的儿童免票，超过90cm的需要购买成人票，但如果是7岁以下身高超过90cm的儿童，可以用易通卡（参考后面内容说明）购买儿童票。外国游客若直接到售票窗口购买，需要提供护照。

郊区新兴住宅区则有IRT（轻轨）运行。

◆ 票卡种类

普通车票Standard Ticket

像火车票一样，选择好要去的目的站点，当场支付当次费用（先付费）票卡。最低缴费S$1.10，另外要收取S$0.10的押金。票卡30日内有效，最多可使用6次。第2次之后就不用押金了，第3次，押金S$0.10可以抵偿票价，第6次使用，票价可以便宜S$0.10。

易通卡 ezlink Card

可用于MRT和公交巴士的预存费用式票卡。每次使用后会自动从卡上扣除相应票价，只要卡里还有余额，就不用每次费事单独去买票乘车。而且刷卡还有优惠。此卡可以在地铁站的票务中心或检票口的岗亭处购买。另外要收取押金S$3，最低价格S$12起。余额不足时，可到自动售票机充值，一次最低充值S$10。卡内月余额及押金的结算可到购买窗口办理。

普通车票（Standard Ticket）为可以使用6次的纸质票

易通卡（ezlink Card）。还可用于乘坐公交车或圣淘沙游船等

MRT自动售票机

❶**显示屏**：变成触屏状态时，点击左边的方框是购买普通车票，点击右边的方框是充值用的。屏幕右边有语言选择的按钮

❷**读卡处**：需要给卡充值时，可将票卡放置此处

❸**投币口**：投入硬币或纸币的地方

❹**出票口**：买到的车票或者找零从此处领取

◆ 自动售票机的使用方法

购票普通票卡或者给易通卡充值时可以使用自动售票机。按照显示屏上的画面指示，一步步操作，即使不懂英文或者中文也可以自如使用。

● 购买普通车票

在显示屏的初始画面❶中选择左边方框（购买普通车票）内有按地图选择目的地的按钮（选择目的车站的方式有从站名或地图选择），接着会出现地铁线路图的画面。点击目的地附近，图片会放大，再选择自己要去的站名。然后购入,画面中会显示你要去的站名及金额，将钱放入❸中，找零和票卡会从❹出来。

◆ 给卡充值
● 易通卡

在显示屏的初始画面❶中选择右框（读取卡片），把卡放在❷处后，会跳出票卡业务选择的画面，选择Add Value按钮，显示屏会转为金额界面，存进的钱数会及时在屏幕上显示。充值最低S$10起。

郊区的行走于地面的MRT

● 普通票卡

和易通卡的操作一样，先在机器上读取卡片信息，然后选择出行目的时（站名或地图），选择地图按钮，再按照购票操作时的说明点击想去的站名，根据显示的金额充入钱款即可。

◆ MRT的乘坐方法和注意事项

检票时为自动检票。把卡贴在读取处，手边的绿灯亮起，闸口打开。在读卡处附近的电子屏上会显示票价（如果使用的是普通票卡）或余额（如果使用的是易通卡）。当余额不足时，蜂鸣器响起，闸口不开，需要到附近的自动售票机处充值。出站时也一样需要将卡轻触读卡处。如果购买的是普通乘坐过站了，要到检票处岗亭补足差额，卡内信息修改后才能通过自动检票闸口。

地铁线路图（放大图）

可以放大或缩小

购买界面

ⓐ站名、ⓑ金额、ⓒ可以使用的币种、ⓓ插入的金额

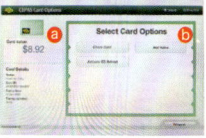

票卡业务选择界面

ⓐ余额、ⓑ充值（Add Value）按钮

专业导游建议

地铁内吃东西会被罚款

在候车厅内一般没有出行指南广播，下次列车抵达的时间和行驶方向只会显示在电子屏上。列车车门的开关时间很短，一不留神就有可能错过。在列车车内会有报站广播，电子屏上也会滚动显示站名。在车内禁止抽烟或者吃东西。违反者要罚款S$500。

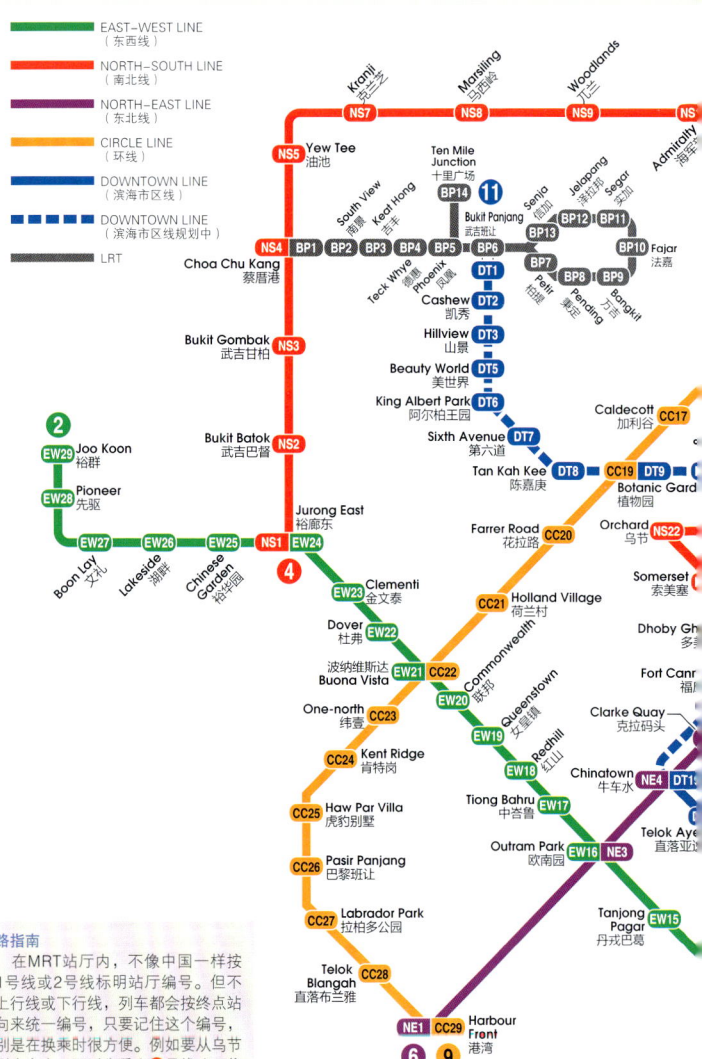

线路指南

在MRT站厅内,不像中国一样按照1号线或2号线标明站厅编号。但不论上行线或下行线,列车都会按终点站方向来统一编号,只要记住这个编号,特别是在换乘时很方便。例如要从乌节站到牛车水,可以先乘坐❺号线(开往滨海湾),到多美歌站换乘❻号线(开往港湾),像这样先记住要乘列车的编号,就可以顺利换乘。

不过东西线向东开的❶❸号线,都是开往巴西立的,没有去往樟宜国际机场的列车。如果想去樟宜国际机场,一定要在丹那美拉站换乘。丹那美拉站和樟宜国际机场之间设有机场专线。

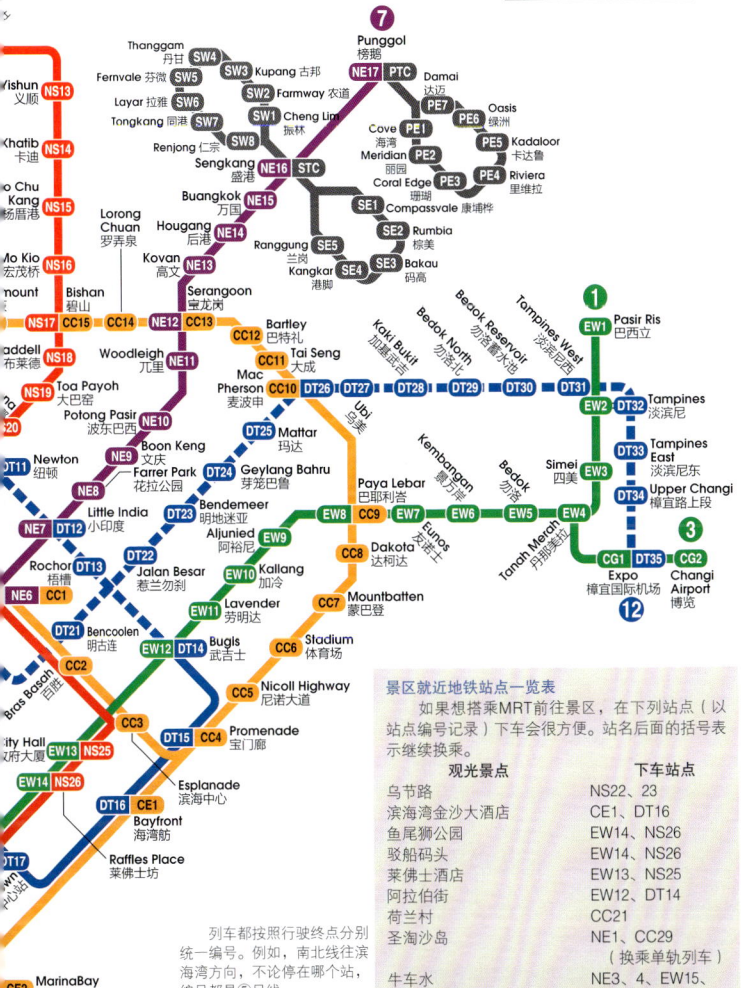

出租车 Taxi

价格：起步价S$3~5

和中国相同，新加坡的出租车也是按照距离和时间计费。从乌节路到市中心要花S$5~9。车型包括普通型、高级轿车、克莱斯勒3种，起步价不同。一般在购物中心或酒店前能打到车，当然街道上行驶的出租车也可搭乘。偶尔也会看见出租车的驾驶席前放了一个地名牌，这意思是有前往这个方向的客人可以搭乘。车门不是自动的，上下车时需要自己打开车门。

◆ **费用**

基本费用按普通车算，1km内S$3~3.90，之后10km以内每400m收费S¢22，行驶10km以上，每350m收费S¢22。深夜价格以24:00~次日5:59的时间段计算，在基本费用的基础上加收50%。如果打车去机场，还要加收S$3~5的费用，特殊费用的名目比较多。

大型轿车 Maxi Cab

价格：S$50

也称高级轿车，经常在高级酒店或机场等地点趴活儿。收费金额是固定的，新加坡市区范围，不论去哪都是1次S$55。如果要一连去几个地方，一个地方加收S$15。大概由于收费较高，所以即使是普通的士拥挤的时候，也不需排队就能坐上。游客们可以轻松利用。此外，如果是在街道行驶时拦车搭乘，也可以当作普通的士使用（部分大型外国车除外）。

Maxi Cab也有面包车类型

公交巴士 Bus

价格：起步价S$1.10~

公交路线多得惊人，运行于新加坡各个角落。收费便宜，运行时间从5点左右开始到24点左右结束。

◆ **费用**

公交收费是根据车型及跨过了几个按距离划分的区域来定的。用现金支付公交车费一般S$1.10~。上车就缴费，不找零，所以最好备好零钱或者使用MRT通用的易通卡（→p.38）。

◆ **公交乘坐方法**

和中国不同，如果你想乘坐的巴士来了，要招手示意，否则好不容易等到的公交车会直接甩站通过。

● **现金购票** 把票钱投入司机座位旁边的投币箱。钱投进去后，司机座位后面的红箱子会打出票据。如果遇到检票，需要出示这个票据，所以记得下车之前不要遗失。

打印票据的红箱子。票据会从底部的出口打印出来

● **易通卡购票** 和中国IC卡一样，上车时把卡靠近读卡机刷一下。下车时按下蜂鸣器，再把卡靠近读卡机刷一次就可下车。如果下车时忘记刷卡，则会自动按该公交路线的最远距离扣除费用，所以下车时不要着急。

观光车

在新加坡除了公共交通,还有各种观光车。每种都让人很想体验一番。

敞篷观光巴士 Hippo Bus

费用:S$18~

9:00~19:45,每15分钟左右一班,无休

可以直接上车买票,上下车很自由。巴士地图或时刻表可以在新达城购物中心(→p.49)内的票务柜台获取。一共有3种路线,即沿东西方向行驶的特别路线和市区路线、沿南北方向行驶的文化遗迹路线,此外还有包含各种旅游设施入场券的套餐路线。

新航观光巴士 Hop-on Bus

费用:1日券S$25

9:00~21:00,每30分钟一班,无休

购买1日券当日可随意乘坐。在第一次乘车时向司机付钱购买票卡。乘坐新加坡航空的旅客可以半价购买(购买时需出示登机卡)。下次乘车时只要出示第一次购买的乘车卡即可。不论是去滨海广场还是去植物园,新航观光巴士都设有环绕中心地区主要景点的路线。巴士都地图或时刻表可以在乌节路的新加坡游客中心(→p.51)等地方获取。

缆车 Cable Car

费用:S$26(只卖往返双程,含进岛门票)

8:45~22:00

缆车连接圣淘沙岛和花柏山,高度约60m,可以体验往返约30分钟的空中散步。车舱最多容纳8人,装有触摸式平板可以应对8种语言。如果是夫妻或情侣同游,推荐空中晚餐这一项目,可以同时享受夜景和晚餐。18:00~19:00开始,绿宝石套餐S$168(周一~周四),钻石套餐S$218(每天)。最晚必须在前一天的正午之前预约。

脚踏三轮车 Trishaw

费用:1人30分钟左右S$40~50

11:00~22:00 无休

自行车头连着三轮车棚,要乘坐这种观光交通工具的游客可以到武吉士附近的雅柏中心里的Trishaw Uncle(三轮车大叔)处办理。游览路线有武吉士&小印度游,以及坐三轮车前往新加坡河这2种路线,价格都是规定好的,对游客来说很方便。

游船 River Cruise

费用:40分钟S$20 9:00~23:00(最晚乘船时间22:30),无休

体验一下游船吧,绕滨海湾游览一周。越过摩天大楼群,从海上眺望鱼尾狮和大楼的天际线蔚为壮观。游船分为30分钟和45分钟两种,17:00以后就只有30分钟的路线。只要离乘船点不太远,在哪里下船都行。

市区/滨海湾
City / Marina bay 地图 p.104~105

摩天高楼围绕海湾而建，夜晚的景色十分美丽。这里有滨海湾金沙大酒店、莱佛士等堪称新加坡名片的大景点，花多少时间都觉得不够。

鱼尾狮公园

ACCESS MRT地铁站 △ 政府大厦站、莱佛士坊站、海湾舫站、滨海中心站、宝门廊站等主要站点

i 旅游服务中心
该区域无

区域概况

围绕滨海湾主要分为3大区域：拥有历史性建筑及莱佛士酒店（→p.26）的市区、酒店和S.C.云集的滨海地区，以及以滨海湾金沙大酒店（→p.12）为代表的海湾舫。沿着环绕海湾的游步道行进，可以串联起各个主要景点。尤其是黄昏之后海湾沿岸的夜景绝对不容错过。

乐游方案

●观光　除了鱼尾狮，还有殖民时代的建筑及博物馆等，在这里可以体验新加坡历史。此外金沙空中花园、滨海湾花园等大规模的设施也一定要去。

●购物　云集了高端品牌的滨海湾金沙大酒店、莱佛士之外，以本土品牌为主打的新达城广场、滨海广场等大型S.C.也有很多，让人目不转睛。高级酒店里的美容美休服务也能让您体会到这里才有的优雅感觉。

●美食　在酒店或S.C.，各国料理的知名餐厅、大型美食中心等应接不暇。特别是到了夜晚，可以一边欣赏夜景一边享受晚餐，绝对是超棒的体验。

Sightseeing 观光

新加坡摩天观景轮
Singapore Flyer

地图 p.105-H　

交 从MRT宝门廊站A口出来步行7分钟
营 8:30~22:30　无休　S$33

最高点165m，是世界上屈指可数的巨型摩天轮。每个吊舱限乘28人，转一周约30分钟。从上面可将滨海湾及高楼群景一览无余。还有免费的中文语音导游。还设有香槟观景项目，S$69。

从最高点俯瞰，风景绝佳

 专业导游建议

在"财富之泉"收获幸运　地图 p.105-C

位于新达城广场中心的世界最大喷泉。据说将手触碰水流围着喷泉绕3圈，愿望就能实现。白天有不同时段与水亲密接触的小团游。夜晚装饰了景观灯，在8:00~9:00时段还有激光喷水表演。无休。免费。

滨海艺术中心
Esplanade Theatres on the Bay ❋❋

地图 p.105-G

交 从MRT滨海中心站D出口步行3分钟
营 10:00~22:00（周五·周六~22:30） 休 无休

　　新加坡最具代表性的艺术、文艺殿堂。拥有欧洲歌剧院设计风格的剧场及音乐厅，经常举办各种公演。此外，在馆内大厅购物或用餐也非常受市民青睐。

从高空俯瞰像一只金属蝴蝶

亚洲文明博物馆
Asian Civilizations Museum ❋❋

地图 p.104-F

交 从MRT莱佛士坊站H出口出来步行5分钟
营 9:00~19:00（周一~13:00~、周五~21:00）
休 无休　$ S$8

　　常年主要展览新加坡及亚洲工艺品，展品超过1600件。

19世纪的建筑物绝对值得一看

莱佛士登陆遗址
Sir Stamford Raffles Landing Site ❋

地图 p.104-F

交 从MRT莱佛士坊站H出口步行5分钟

　　穿过旧国会大厦前的街道，在新加坡河河畔就能看见英国人托马斯·史丹福·莱佛士1829年1月29日首次登陆新加坡的遗址。对岸是餐饮店云集的驳船码头（→p.59）。每到傍晚华灯初上，飘荡着浪漫气息。

双手交叉胸前，在思考什么呢？

滨海湾城市规划展览馆
Marina Bay City Gallery ❋

地图 p.105-K

交 从MRT海湾舫站E出口步行5分钟
营 10:00~20:00（周六·周日·节假日~21:00） 休 周一休　$ 免费

　　新加坡的发展历程，从莱佛士登陆到未来规划，用透视画及动画演示。特别是滨海湾地区壮观的城市规划变迁令人兴趣盎然。

新加坡不远的将来宛若就在手中

双螺旋桥
The Helix Bridge ❋❋

地图 p.105-H

交 从MRT海湾舫站D出口步行7分钟

　　以基因为主题造型的一座桥。互相缠绕的双重螺旋勾勒出完美曲线。路面上还嵌有代表遗传基因碱A、T、G、C的主题元素。不仅桥的设计很有趣，桥的夜景更是值得推荐。灯光装饰的桥身与周围的海滨夜景交辉相应。

跨过灯火辉煌的大桥

Sightseeing 观光

赞美坊
Chijmes

地图 p.104-B

交 从MRT百胜站A出口步行3分钟
营 11:00~23:00左右　休 各店休息时间不同

　　如果想体验都市里的成人生活，推荐这里。这里曾是私立学校，后作为商业设施沿用至今。这里餐厅云集，还设有开放坐席面向景观优美的开阔中庭，风情十足。此外这里还有很多亚洲杂货店，杂货控们绝对不容错过。

黄昏时分，外出乘凉顺便逛逛

新加坡美术馆
Singapore Art Museum

地图 p.103-C

交 从MRT百胜站A出口步行1分钟
营 10:00~19:00（周五~21:00）　休 无休　$ S$10

　　建成于1855年的白色建筑物，圆顶是其特色，光这一点就十分值得一看。美术馆主要展览新加坡本土艺术家的作品。

圆屋顶上立有十字架

土生华人博物馆
Peranakan Museum

地图 p.104-A

交 从MRT政府大厦站B出口步行8分钟
营 9:00~19:00（周一~13:00、周五~21:00）
休 无休　$ S$6（周五19:00以后S$3）

　　博物馆介绍了中国文化与马来文化融合产生的土生华人的历史与文化。这里布展考究，尽量让游客们能体验土生华人实

土生华人的独特建筑也不容错过

际的生活情境，让你感到不虚此行。其中最为详细的是红白喜事等礼仪习惯。此外细致的串珠、刺绣等展览也值得一看。

新加坡国家博物馆
National Museum of Singapore

地图 p.103-G

交 从MRT百胜站C出口步行3分钟
营 10:00~18:00（文化生活展馆~20:00）　休 无休　$ S$10（18:00之后免费）

　　由介绍新加坡14世纪到现代发展史的历史展馆和介绍文化及生活的文化生活展馆两部分构成。还设有很多咖啡馆和餐厅。

白色旧馆是历史文物

📷 最佳摄影地

隔着海湾眺望滨海湾金沙大酒店

让人联想到空中楼阁的滨海湾金沙大酒店，不论从滨海湾的哪个地方都能看到，但其中的最佳眺望点是鱼尾狮公园（地图p.105-G）。记得一定要把喷水的鱼尾狮也一并收入取景框中。

Eating 美食

市区 / 滨海湾

广东菜

翡翠小厨
Crystal Jade Kitchen
地图 p.105-C

- 交 从滨海中心站C出口步行1分钟
- 📧 新达城购物中心（→p.49）B1
- ☎ 6884-5172 营 11:00～15:00LO、17:30～21:30LO 休 中国春节 $ S$30～50

轻松体验正宗的广东菜

　　在翡翠小厨餐厅，可以品尝到早茶、面食、锅仔等多种正宗广东美食。单点价格都在S$10～20，非常合理。其中的2人套餐只要S$49.80，值得推荐。

休闲餐

肯尼・罗杰斯餐饮店
Kenny Rogers Roaster
地图 p.105-C

- 交 从MRT滨海中心站B出口步行3分钟
- 📧 滨海广场（→p.49）2F ☎ 6337-2815
- 营 11:30 21:30 休 中国春节 $ S$10～30

分量很足的美式餐点

　　美式休闲餐厅。烤鸡是本店的招牌菜。套餐价S$15.90起，十分合理。店内常常挤满了食欲旺盛的年轻人。

中国菜

利苑酒家
Lei Garden
地图 p.104-B

- 交 从MRT百胜站A出口步行1分钟
- 📧 赞美坊（→p.46）1F ☎ 6339-3822
- 营 11:30～14:30LO、18:00～22:00LO
- 休 中国春节及除夕 $ S$100～

菜品丰富又豪华

　　一家高档中餐厅，菜式有海鲜、茶点、北京烤鸭等。套餐料理也十分出名，不论白天还是晚上都推出多款套餐。店内宽敞，设有大型水槽，清爽宜人。常常承办宴会和聚餐等，满员情况较多，游客最好提前预约。

啤酒屋

宝莱纳餐厅
Paulaner Bräuhaus Singapore
地图 p.105-C

- 交 从MRT滨海中心站A出口步行1分钟
- 📧 9 Raffles Blvd. Millenia Walk 1F ☎ 6883-2572 营 12:00～14:30、18:30～22:30（周日・节假日11:30～14:30） 休 无休 $ S$50～80

纯正慕尼黑风味

　　这里销售的啤酒是从慕尼黑采购的当地黑啤和青啤两种。啤酒配上德式香肠拼盘才是王道。

娘惹菜

True Blue餐厅
True Blue
地图 104-A

- 交 从MRT政府大厦站B出口步行7分钟
- 📧 47/49 Armenian St. ☎ 6440-0449 最好提前预约 营 11:30～14:30、18:00～21:30
- 休 中国春节 $ S$30～50

日光温柔地照进天窗

　　店内招牌菜是用黑色果仁和鸡炖煮的黑果鸡，价格S$18。除此之外还可以品尝到很多正宗的娘惹风味菜。

Eating 美食

泰国菜

Sabai泰式餐厅
Sabai Fine Thai on the Bay

地图 p.104-J

交 从MRT莱佛士坊站J出口步行3分钟
✉ 70 Collyer Quay, #01-02 Custom House
☎ 6535-3718　营 11:30~14:30（周六・日・节假日~15:30）、18:00~22:00
休 周日、中国春节　S S$50~100

品味泰国皇家菜

在老式泰国宫廷料理基础上融入创新元素，口味自不必说，全新的装盘形式也值得玩味。光是咖喱就有绿咖喱、红咖喱等10种，辛辣程度可根据个人喜好调制。此外冬阴功汤、米粉等必点经典料理也十分丰富。

越南菜

东南亚滨河餐厅
Indochine Waterfront

地图 p.104-F

交 从MRT莱佛士坊站H出口步行5分钟　✉ 1 Empress Place, Asian Civilizations Museum
☎ 6339-1720　营 11:30~14:30、18:30~23:30（周六・周日只在夜晚开业）　休 无休
S S$50~100

在河滨品尝越南美食

与亚洲文明博物馆（→p.45）位于同一建筑。面朝新加坡河的露台座位，视野极好。分为餐厅、咖啡屋、酒吧3种形式。餐厅给人以雅致、安静的感觉，酒吧从21点开始，有乐队驻唱。

意大利菜

Mozza比萨店
Pizzeria Mozza

地图 p.105-K

交 与MRT滨海舫站D出口连接
✉ B1-42-46, The Shoppes at Marina bay sands　☎ 6688-8522　要预约
营 12:00~23:00　休 无休　S S$50~100

用2个烤炉烤出的正宗比萨

明亮、轻松的餐厅氛围，比萨价格S$16起，还有价格实惠的烤鸭肉、千层面都很推荐。红酒种类也多。

休闲餐

HY加利福尼亚
HY California

地图 p.105-K

交 从MRT滨海舫站D出口步行7分钟
✉ L1-86, The Shoppes at Marina bay sands
☎ 6688-7426　营 12:00~22:30（周六11:00~24:30）　休 无休　S S$30~50

宝石般的寿司卷

店内以日料为主，菜品融入世界口味，不论是新加坡人还是日本人都好评不断。午餐时间有S$20起的寿司套餐，汉堡包S$18起。

咖啡厅

圆顶咖啡屋
Dome Cafe

地图 p.103-C

交 从MRT百胜站A・E出口步行1分钟
✉ 71 Bras Basah Rd. Singapore art Museum 1F　☎ 6339-0792　营 8:30~22:30（周六・周日~23:00）　休 无休　S S$5~

艺术与咖啡时光

欣赏完艺术之后，可以在此稍作休息。这里也可以点餐，还提供蛋糕、啤酒、红酒。

Shopping 购物

购物中心

莱佛士城
Raffles City

地图 p.104-B

- 交 从MRT政府大厦站A出口步行1分钟
- ✉ 252 North Bridge Rd. ☎ 6318-0238
- 营 10:00~22:00（各店不同）
- 休 无休（中国春节或休业或缩短营业时间）

就在地铁站前，超级方便

地下2~3层有很多商店和餐厅，地下1层还有外带或堂食两可的快餐店。除了世界名品店，还有当代流行类商店、本土商店等等，种类多样，逛起来十分方便。

购物中心

新达城购物中心
Suntec City Mall

地图 p.105-C

- 交 与MRT滨海中心站C口连接
- ✉ 3 Temasek Blvd. ☎ 6822-1537
- 营 10:00~22:00（各店不同） 休 无休

新加坡最大的商厦

这里是由5座大楼组成的又长又大的购物中心，敞篷观光巴士的枢纽站也在这里。从奢侈品牌到本地品牌，各种商店一应俱全。地下的喷泉平台区汇集了70家以上的餐饮店铺。

购物中心

滨海广场
Marina Square

地图 p.105-C

- 交 从MRT滨海中心站B出口出来步行3分钟
- ✉ 6 Raffles Blvd. ☎ 6335-2627
- 营 10:00~22:00（各店不同） 休 无休

独特的店铺也有入驻

与新加坡滨华大酒店等三大高档酒店

相邻的超大型购物中心。从地铁站出来很方便就到了。这里不仅有时下流行的本地品牌，更有不少这里才有的个性店铺。餐饮店也是面向普通民众的本土系列居多。

时尚

查尔斯&凯斯
Charles & Keith

地图 p.105-C

- 交 与MRT滨海中心站C出口连接
- ✉ #01-020A Suntec City Mall
- ☎ 6339-1300 营 11:00~22:00 休 无休

充满个性的鞋与铆钉包

这是源自新加坡的时尚品牌，主打鞋子与包类产品。用普通的价格也能买到设计较为大胆的鞋子，这样的冒险令人开心。店内的包则多为设计简洁、色彩亮丽的产品。

美体

洗浴工坊
Bath & Body Works

地图 p.105-K

- 交 与MRT滨海舫站D、E出口连接结
- ✉ B2-42, The Shoppes at Marina bay sands
- ☎ 6723-8080 营 10:00~23:00（周五·周六~24:00） 休 无休

宛如五彩缤纷的调色板

源自美国的美体用品，这里是它在亚洲的1号店。价格S$10左右的唇彩、护手霜等等，最适合做伴手礼送亲朋好友了。

发现新加坡 殖民时代建筑群一览

在行政机关云集的驳船码头东北侧,有一个叫作皇后坊(Empress Place)的地方,这片区域从英国殖民时代起就是政治中心。这里有几处殖民时期建筑,由不少粗大的圆柱子支撑屋顶,还设有纵深的露台和阳台。殖民时代样式指的是过去在西班牙、英国等国的殖民地使用的建筑风格。这些珍贵的建筑物被保存或有效利用,现在大多被改造成美术馆等。暂时无法入内参观,但即便是只观赏外部也很有价值。

旧最高法院(改造中) 淡绿色的圆屋顶及正面科林斯式大圆柱让人印象深刻。整个建筑呈现维多利亚风格,建成于1939年。

艺术之家(旧国会大厦) 建于1827年,现在作为艺术画廊开放。玄关前驻守的黑色青铜像是泰国国王拉玛五世赠送的。

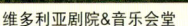

维多利亚剧院&音乐会堂
左侧的维多利亚剧院在1862年曾作为市区大厅,右侧的音乐会堂于1905年建造。

政府大厦(改造中) 建于1929年,维多利亚风格建筑,第二次世界大战停战时曾作为日军向英军签订投降协议的地点。现在它是新政府市政办公场所,称为新加坡的行政中心。

圣安德烈教堂
拥有美丽尖塔和白色外墙的英式教堂。现今的建筑是在1863年时重建的。礼拜堂(7:00~18:00)内天井附近镶嵌的彩色玻璃不容错过。教堂夜晚的彩灯造型也十分漂亮。

乌节路

Orchard Road　地图 p.106~107

这里是世界知名的购物街,来此享受购物乐趣的人们络绎不绝。时尚咖啡厅或餐厅也很多,可以在此畅游一整日。还可以到附近的土生华人区或国家植物园逛一逛。

街边绿树成荫的乌节路

ACCESS　MRT乌节站、索美塞站、多美歌站为起点

Singapore Visitors Centre @ Orchard
✉ Junction of Cairnhill Rd. And Orchard Rd.
🕘 9:30~22:30　无休
※ION乌节购物商厦(→p.55)的1层也有

i 旅游服务中心
新加坡游客中心@乌节　地图P.107-G

区域概况

新加坡最具代表性的一条繁华街市。东起多美歌地铁站,西至东陵街,街道两侧汇集多种世界一流品牌的购物中心鳞次栉比,不仅新加坡本地人,甚至专程为了购物的游客们也接踵而至。乌节路之所以叫这个名字,是因为这一带曾经有很多果园(Orchard)。乌节路西侧绿意盎然、广阔的新加坡植物园,就是当时面貌的很好印证。

乐游方案

● 购物　S.C.内的世界著名品牌商店令人目不暇接。既有云集特色商铺的S.C.,也有当地品牌入驻的S.C.,商品的种类及选择丰富多样。

● 观光　如果购物乏了,可以游览新加坡植物园等等。从索美塞地铁站前的娘惹文化区到翡翠山也是充满异国情趣的一角。一定要走走看看。

● 美食　大型S.C.里的餐饮街,一定会有一流餐厅,而且在地下层还有美食广场,这里可以吃到当地小食、中国菜、西式亚洲菜、日本菜等各种风味美食。

Sightseeing 观光

ION Sky观景台
ION Sky

地图 p.106-F

🚇 与MRT乌节站直接连接
✉ ION乌节购物商厦(→p.55) 55~56F
🕘 10:00~20:00　无休　S\$16

从距地面218米的高空俯瞰,360度全景视角,南眺滨海湾金沙大酒店,北望植物园。在各个方位上还设置了数字望远镜,可免费使用。

夜晚能欣赏到美轮美奂的夜景

📷 最佳摄影地

卫兵交班仪式

每月的第1个周日,在总统府(地图p.107-D)官邸的正门前都会举行卫兵的交班仪式,值得一看。在军乐队的率领下,卫兵们整齐前进,时而将手中的枪像指挥棒一样挥舞表演,正式的交班仪式就这么开始了。

Sightseeing 观光

娘惹文化区和翡翠山
Peranakan Place, Emerald Hill

地图p.107-G

交 从MRT索美塞站出来经由地下通道步行3分钟

　　融合了中国文化与马来文化的土生华人文化区。可以在索美塞站附近的娘惹文化区或者再往里的翡翠山，寻访旧时他们居住生活的影子。

翡翠山精美的联排房屋

新加坡植物园和国家胡姬花园
Singapore Botanic Gardens & National Orchid Garden

地图p.102-A ★★★ ❄

交 与MRT植物园站直接连接
营 5:00~24:00无休免费。国立兰花园8:30~19:00　休 无休　$ S$5

　　占地32公顷、绿意盎然的植物公园。于1859年首次开园，园内有数万株热带树木，植物茂盛，特别适合散步。在公园正中设有世界最大规模的国家胡姬花园。胡姬花（兰花）约有2 000种、6万株。其中也种植了新加坡的国花卓锦·万代兰。此外还有收集了400种姜科植物的姜园。散步中途休息或想吃些小食，推荐胡姬园入口处的Halia咖啡屋。

珍稀兰花满园绽放，让爱花者目不暇接

Eating 美食

中国菜

岷江川菜馆
Minjiang

地图p.106-B

交 从MRT乌节站A出口出来步行7分钟
✉ 良木园大酒店（→p.82）1F　☎ 6730-1704　营 11:00~14:30（周日11:00~）、18:00~22:30　休 无休　$ S$100~

一边眺望泳池景色，一边品尝四川料理

　　位于良木园大酒店1层，氛围不错的中餐厅。小编推荐辣椒用料很多的宫保虾球，S$24~。另外11:00~14:30还设有饮茶时间。

休闲餐

野生花蜜早餐店
Wild Honey

地图p.106-F

交 从MRT乌节站A出口出来步行2分钟
✉ 6 Scotts Rd. Scotts Square 3F
☎ 6636-1816　营 9:00~21:00（周五・周六・节假日~22:00）　休 无休　$ S$20~50

晚上吃的也是早饭

　　这是一个概念餐厅，不论什么时段都可以吃到英国、澳大利亚、挪威、加拿大等各国各地特色的早餐。特别是阳台的座位很舒服。

印度尼西亚菜

Rice Table 餐厅
Rice Table Restaurant

地图p.106-E

交 从MRT乌节站E出口出来步行5分钟
✉ 360 Orchard Rd. #02-09 International Bldg.　☎ 6835-3783　营 12:00~15:00、18:00~21:00LO　中国春节　$ S$30~50

融合了荷兰风味的料理

受荷兰影响的印度尼西亚料理

乌节路

Rijsttafel，再经过现代独特创新改良而成。10道菜的套餐，日餐价格S$17.88，夜餐价格S$28.49。

中式海鲜料理

翡翠皇宫酒家
Crystal Jade Palace Restaurant

地图 p.107-G

交 从MRT乌节站D出口出来步行3分钟
地 高岛屋购物中心（→p.56）4F ☎ 6735-2388 要预约　营 11:30~15:00（周六11:00~）、周日・节假日10:30~）、18:00~23:00　休 中国春节　S S$30~50

午餐时间的饮茶餐内容丰富

市区内有多家分店的人气中餐馆。高岛屋S.C.分店主打海鲜，但最受欢迎的却是午餐时间的广式饮茶。点心有30种以

上，价格也都在S$4左右，十分实惠。

饮茶

东海潮州酒家
East Ocean Teochew Restaurant

地图 p.107-G

交 从MRT乌节站D出口出来步行3分钟
地 高岛屋购物中心（→p.56）5F ☎ 6235-9088 要预约　营 11:30~15:00（周六・周日・节假日10:00~）、18:00~23:00　休 中国春节　S S$30~50

做成动物形状的小点心很受欢迎

人气菜品是动物形状的点心（1碟3个S$5.80~）。动物有金鱼、狗、猫等8种，馅料有鸡肉、虾肉等，口味也种多

样。动物模样以及馅料的种类每3个月更新一次。

日本菜（荞麦）

新桥荞麦面馆
Shinbashi

地图 p.107-G

交 从MRT乌节站D出口出来步行7分钟　地 百丽宫（→p.56）B1 ☎ 6735-9882 营 11:30~21:30LO 休 中国春节初日　S S$10~30

店内有专业师傅手工做面

新加坡唯一的手工荞麦面馆。荞麦不论劲道还是口感都非常好。蒸煮荞麦冷面、素汤荞麦热面都是S$12.80。汤汁是用日本原产的鲣鱼干制作的。

新加坡菜（鸡饭）

Chatterbox餐厅
Chatterbox

地图 p.107-G

交 从MRT索美塞站D出口出来步行5分钟　地 乌节路文华大酒店（→p.83）5F
☎ 6831-6288　营 11:00~次日1:00（周五・周六・节假日前日~次日2:00）　休 无休　S S$30~50

鸡饭是招牌

肉骨茶等等当地菜品都经过改良创新，让初次品尝的人也能适应。特别是

原料经过严选的鸡饭，价格S$27，是多次获奖的极具人气的料理。

日本菜（居酒屋）

Tamaya居酒屋
Tamaya Dining Bar

地图 p.107-H

交 从MRT索美塞站出来经由地下通道步行3分钟　地 45 Cuppage Rd., Cuppage Terrace ☎ 6835-3539
营 10:00~24:00（周日・节假日16:00~22:30）　休 中国春节　S S$50~100

美味烧酒，酒友垂涎

除了有烤鸡肉串，还有荞麦面等丰富的面食。店内还有"魔王""佐藤"等名贵烧酒。

Eating 美食

咖啡厅

旧街场白咖啡
OldTown White Coffee

地图 p.107-K

- 交 从MRT索美塞站B出口出来步行5分钟
- 8 Grange Rd. Cineleisure 1F
- 6737-4404
- 营 9:30~次日1:30（周五·周六~次日2:30）
- 休 中国春节
- S S$6~

本地咖啡品牌咖啡厅

在街角都能看到，还能有东南亚的小食、甜品等。可在此歇歇脚。

印度菜

马哈拉乌节餐厅
Maharajah Orchard

地图 p.107-H

- 交 从MRT索美塞站出来经由地下通道步行3分钟
- 39 Cuppage Rd., Cuppage Terrace 1F
- 6732-6331
- 营 11:00~23:00
- 休 无休
- S S$50~100

艺术之家般的氛围很有人气

很容易融入的百姓餐厅，提供的是北印度菜。店内米饭用的是正宗印度香米，

咖喱的辛辣口味分3种。

 专业导游建议

榴梿美食

良木园大酒店（→p.82）1层的Deli甜点屋，招牌的甜点就是榴梿泡芙，2个S$7，还有冰激凌。

后者的榴梿气味不浓，比较顺口。但只在3~7月销售。
营 9:00~21:00 无休

印度尼西亚菜

M纳西尔小餐馆
Warung M Nasir

地图 p.107-H

- 交 从MRT索美塞站A出口出来步行4分钟
- 69 Killiney Rd.
- 6734-6228
- 营 10:00~21:50LO
- 休 无休
- S S$5~10

尽享巴东风味菜

店内提供印度尼西亚巴东地区的特色菜20~30种，是可以按照个人喜好盛盘食用的自助式餐厅。用香蕉叶包裹蒸制而成的鸡肉等菜品，味道都非常正宗。

酒吧

都柏林爱丽丝酒吧
The Dubliner Irish Pub

地图 p.107-H

- 交 从MRT索美塞站A出口出来步行5分钟
- 165 Penang Rd.
- 6735-2220
- 营 10:30~次日1:00（周五·周六·节假日前一天~次日2:00）
- 休 圣诞节
- S S$10~

乡村别墅式门面是它的标志

爱尔兰风格酒吧。店内可以喝到吉尼斯、基尔肯尼等爱尔兰生啤酒。羊肉炖菜等菜品也十分丰富。

中国菜

老北京食堂
Lao Beijing

地图 p.107-H

- 交 与MRT多美歌站C·D出口直接连接
- 狮城大厦（→p.56）3F
- 6738-7207
- 营 11:30~15:00、18:00~22:00
- 休 中国春节
- S S$30~50

合游客口味的中国大陆风味

以北京菜为主，有饺子、麻婆豆腐等游客也耳熟能详的菜品，非常好吃。

Shopping 购物

购物中心

ION乌节购物商厦
Ion Orchard

地图 p.106-F

- 交 与MRT乌节站直接连接
- ✉ 2 Orchard Turn ☎ 6238-8228
- 营 10:00~22:00（各店不同）
- 休 无休

地铁站上超级摩登的购物中心

商厦外观让人想起未来感，很新颖，夜晚彩灯装饰后十分美丽。商厦有地下4层~地上4层共8层。包括世界名牌等商铺多达300多家。可以在1层、4层、地下3层的指引处获得店铺信息。美食广场在地下4层。

百货

伊势丹史各士百货店
Isetan Scotts

地图 p.106-F

- 交 从MRT乌节站E出口出来步行3分钟
- ✉ 350 Orchard Rd. ☎ 6733-1111
- 营 10:00~21:30
- 休 中国春节、伊势丹指定日期

化妆品品牌齐全

1层是化妆品及著名品牌商铺，2层主要与女性时尚相关。3层与男士相关，这里销售的旅行包品牌都是中国人中很有人气的。GST的退税手续在4层办理。地下层有出售中国食材的超市和药店等，对于游客来说十分便利。

免税店

T连廊免税店
T Galleria Singapore

地图 p.106-F

- 交 从MRT乌节站A出口出来步行4分钟
- ✉ 25 Scotts Rd. ☎ 6229-8100
- 营 10:00~22:00（周五·周六~22:30） 休 无休

免税商品和伴手礼一并购齐

不光是免税商品，高端品牌以及新加

坡指定特产都可以在这里一次性搞定。在同一店铺当日购买S$100以上（小票最多叠加3张）的话，别忘了到1层GST柜台办理退税手续。

杂货·伴手礼

远东精良工艺品店
Far East Fine Arts

地图 p.106-F

- 交 从MRT乌节站D出口出来步行2分钟
- ✉ 304 Orchard Rd. Lucky Plaza 4F
- ☎ 6235-1536 营 11:00~18:00（周日·节假日12:00~16:00）
- 休 中国春节

民间工艺品价格合理

店内销售亚洲各地的民间工艺品。较为隐蔽的一家店，所以游客较难找，店主人会说汉语，所以旅居新加坡的中国人一旦有事时会找他帮忙，店家也因此颇有人气。商品价格也实惠。

购物中心

威士马广场
Wisma Atria

地图 p.106-F

- 交 与MRT乌节站D出口直接连接
- ✉ 435 Orchard Rd. ☎ 6235-2103
- 营 10:30~22:00（各店不同） 休 无休

周末年轻人众多

这里与伊势丹乌节百货商场内部直接相连，建筑物中央直通天顶，整个商厦十分明亮。1~2层多数是面向年轻人的休闲类商铺。地下层有卖外带的面包、蛋糕，还有饮食店。4层有美食广场。

Shopping 购物

购物中心
高岛屋购物中心
Takashimaya S.C.

地图 p.107-G

交 从MRT乌节站D出口出来步行3分钟
✉ 391 Orchard Rd. ☎ 6738-1111
营 10:00~21:30（餐厅~23:00） 休 中国春节

新加坡最大的日系S.C.

这里又称义安城（Ngee Ann City），就如它的别称一样，高岛屋位于城堡般巨大的高楼内，分为专营店和百货两部分，人气品牌店鳞次栉比。餐厅设在专营店铺区的4~5层。

购物中心
文华购物廊
Mandarin Gallery

地图 p.107-G

交 从MRT乌节站D出口出来步行5分钟
✉ 333A Orchard Rd. Mandarin Orchard 1F
☎ 6831-6363 营 11:00~21:00 休 无休

商场大小适中，购物方便

兼具现代摩登感和安静的氛围。1层有世界名牌商铺及腕表销售，2层以珠宝、礼裙为主。

购物中心
百丽宫
Paragon

地图 p.107-G

交 从MRT乌节站D出口出来步行5分钟
✉ 290 Orchard Rd. ☎ 6738-5535
营 10:00~22:00（各店不同） 休 中国春节

高端品牌汇集一堂

建在高岛屋对面屈指可数的购物中心，世界顶级品牌店鳞次栉比。5层则设有专门面向孩子们的"Paragon Junior"。

购物中心
313@索美塞
313/a Somerset

地图 p.107-G

交 从MRT索美塞站B口出来步行1分钟
✉ 313 Orchard Rd. ☎ 6496-9313
营 10:00~22:00（周五·周六~23:00） 休 无休

快时尚店铺云集

位于索美塞地铁站正上方，这里大都是价格便宜、质量不错的快时尚店铺。有Forever21、Zara等。5层的餐饮区也值得推荐。

购物中心
狮城大厦
Plaza Singapura

地图 p.107-H

交 与MRT多美歌站C·D出口直接连接
✉ 68 Orchard Rd. ☎ 6332-9298
营 10:00~22:00（各店不同） 休 中国春节

超级便利的当地御用S.C.

经过装修改造后建成的中庭使得整个大厦变得宽敞。著名的香港茶饮店Tim Ho Wan总是排起长龙。

荷兰村 Holland Village 导览NAVI

所需时间 2小时

地图 p.6-F

在露天咖啡厅里享受异国旅行情调氛围

MRT地铁站开通后，荷兰村的交通变得十分便利。周边大多是外国人侨居的高级住宅区，因此外国人喜好的店铺不断增加，最终形成了今天的欧美风格的街市。这是一个比起观光更适合置身其中领略氛围的地方。可以在罗弄曼蒙探寻心仪的咖啡，可以徜徉于异国风情的杂货店，这里是能尽情享受小旅行情调的地方。

交 MRT荷兰村站

罗弄曼蒙过午之后的喧嚣

巴登餐吧（Baden） 下酒菜是德国香肠和德国咸猪肘，喝着德国的原产啤酒，在露台悠闲品味最幸福的时光。

n.y.d.c.（纽约日光咖啡馆） 坊间都说这里可以吃到新加坡第一的奶酪蛋糕。于是，今天依旧有很多人前往。

Lims 店内出售的工艺品或古董都是别家找不到的时尚精品。

Pho Hoa 世界知名的越南河粉连锁店。招牌推荐牛肉河粉。辛辣度有多种选择可以尝试。

荷兰村 Holland Village

0 100m

河滨

Riverside 地图 p.102、104~105

夜幕降临,驳船码头、克拉码头一带便笼罩在繁华的灯光与喧嚣中。清晨或白天,前往绵延两岸的游览步道,吹着河风散着步,十分惬意。

繁华的驳船码头

ACCESS MRT莱佛士坊站、克拉码头站是起点。尤其是后者更为便利。

i 旅游服务中心 无

区域概况

从新加坡的河口往上游约2000米的河岸都铺设了游览步道,很适合在河边散步。从河口往上是上班族爱去的驳船码头。再往前一些的克拉码头,是年轻人喜爱的景点。再往上游是罗伯森码头,这里有很多休闲公寓,整个氛围很宁静。不论哪个码头,沿河都设有带露台的餐饮店,客人多以欧美人为主,好不热闹。

乐游方案

● 观光 以新加坡代表性的夜晚景点驳船码头和克拉码头为中心。清晨可以沿新加坡河岸散步,傍晚可以乘坐游船。
● 购物 这里有中央广场购物中心、亮阁等大型S.C.。休闲式购物很方便。
● 美食 从驳船码头到罗伯森码头沿岸挤满了餐厅和酒吧。从中餐到印度菜或马来菜等异域料理都可以找到,还有意大利菜和法国菜,种类丰富。

Sightseeing 观光

新加坡河游步道
Singapore River Promenade ✽✽

地图 p.104-E

交 从MRT克拉码头站C口出来步行1分钟

新加坡河两岸都铺设了游步道,这里是市民休憩的好去处。推荐路线从克拉码头地铁站出发,穿过李德桥,沿左岸到达罗伯森码头。

舒适的游步道

 最佳摄影地

乘坐黄昏游船拍摄最佳照片

太阳西下、夜色渐浓时,推荐乘坐游船(→p.43)。游船路线顺河而下,在滨海湾稍作回旋,眺望了鱼尾狮之后再次逆流回到河川。两岸的建筑华灯初上,倒映水中,使得整个夜景更加华美。

河滨

驳船码头
Boat Quay

地图 p.104-F ✺✺✺

交 从MRT莱佛士坊站G出口出来步行3分钟

河口附近的驳船码头一带，叠立着缤纷多彩的商铺，街道里来自中国、意大利等世界各国的风味餐饮店及咖啡厅店店相连，这里因市民或游客的到访常年喧闹到深夜。

华美的彩灯映照河面

克拉码头
Clarke Quay

地图 p.104-E ✺✺✺

交 从MRT克拉码头站G出口出来步行5分钟

克拉码头位于河滨，是新加坡最具人气的夜晚胜地。克拉码头地带的建筑大多是由过去储藏香辛料的仓库改造而成。这里可以吃到当地美食，也有中式或西式餐厅，还有酒吧、娱乐场所等等，每天都像是庙会似的热闹非凡。

堪比不夜城的喧嚣与热情

罗伯森码头
Robertson Quay

地图 p.102-F ✺✺

交 从MRT克拉码头站G出口出来步行10分钟

位于克拉码头上游，是环境较安静的地带。来这里的游客以欧美人为主，但年

累了就在露天咖啡厅歇脚

迈的夫妻或携家眷同游的客人也很多。如果想静静地欣赏景色的同时喝上几杯，可以选择这里。

丹达乌他帕尼兴都庙
Sri Thandayuthapani Temple

地图 p.103-G ✺✺

交 从MRT多美歌站B出口出来步行10分钟
营 7:30~12:00、17:30~20:30 休 大宝森节的第二天休 $ 免费

它是新加坡的印度寺庙中地位最重要的一个。色彩鲜艳，高达23m的庙门蔚为壮观。每年1月举行的奇特祭典大宝森节（→下述）世界闻名。

庙门的规模在新加坡独一无二

 小知识

大宝森节

每年1月举行印度教奇特祭典大宝森节。这一天信徒们全身皮肤上刺上钩针，从小印度的斯里尼瓦沙柏鲁马兴都庙出发，一路苦行前往丹达乌他帕尼兴都庙。

Eating 美食

中国菜

陈福记
Chen Fu Ji

地图 p.104-E

- 交 从MRT克拉码头站B口出来步行6分钟
- 30 Merchant Rd. #02-30/31 Riverside Point
- ☎ 6533-0166　营 11:00~15:00、17:30~22:30
- 休 无休　S$50~100

窗外的景色也超群

　　镇店之宝是用大量蟹肉制作的炒饭。小份S$18。还有炸鱿鱼、鱼头汤等美味。

啤酒餐厅

酿佳香啤酒餐厅
Brewerkz

地图 p.104-E

- 交 从MRT克拉码头站B口出来步行6分钟
- 30 Merchant Rd. #01-05 Riverside Point
- ☎ 6438-7438　营 12:00~24:00（周五・周六・节日前一天~次日1:00）　休 无休　S$50~80

拥有10种独特啤酒

　　位于河滨坊1层的当地啤酒餐厅。店内直通4层的天井式设计营造出开放感。特别推荐一款能品尝4种啤酒的尝鲜套餐，价格S$13。此外菜式种类也很丰富。

墨西哥菜

Iguana酒吧餐厅
Café Iguana

地图 p.104-E

- 交 从MRT克拉码头站B出口出来步行6分钟
- 30 Merchant Rd., #01-03 Riverside Point
- ☎ 6236-1275　营 16:00~次日1:00（周五~27:00、周六12:00~次日2:00、周日12:00~次日1:00）
- 休 无休　S$50~80

体验正宗墨西哥料理

　　墨西哥玉米卷、玉米煎饼自不必说，

还能品尝到配玉米饼吃的菲希塔以及深油煎的玉米饼等特色美味。这里是新加坡唯一一家号称最齐全、能喝到80多种龙舌兰酒的餐厅。

印度菜

Ras印度餐厅
Ras

地图 p.104-E

- 交 从MRT克拉码头站B口出来步行5分钟
- Blk.3D 01-5A River Valley Rd.
- ☎ 6837-2800　营 12:30~14:30、18:30~23:30
- 休 无休　S$50~100

以馕为招牌的北印度料理

　　烧炭的筒状泥炉也成为餐厅建筑的一部分，氛围安静。这里烤出的馕热腾腾而且韧劲很好。推荐菜有唐杜里烤虾、烧烤拼盘等等。

意大利菜

Enoteca L'operetta餐厅
Enoteca L'operetta

地图 p.104-E

- 从MRT克拉码头站E出口出来步行3分钟
- 78/79，Bout Quay　☎ 6438-2482
- 营 11:30~14:30、18:00~22:00LO（酒吧~24:00）
- 休 周日　S$50~100

外国大厨掌勺

　　位于驳船码头，能品尝到正宗的意大利料理及200多种红酒。这里有当地唯一用那不勒斯烤炉烤制的招牌比萨，价格S$20~。午餐和晚餐时间除了可以单点还有套餐供应。

Shopping 购物

意大利菜

Pasta Fresca Da Salvatore餐厅
Pasta Fresca Da Salvatore

地图 p.104-F

交 从MRT莱佛士坊站G出口出来步行5分钟
✉ 30 Boat Quay ☎ 6532-6283
营 11:30～14:30LO、18:30～22:30LO
休 无休 $ S$30～50

在露台享受正宗意大利面

店内使用的均是自制意大利面和调味汁,提供的红酒和橄榄油也都是直接从意大利进口的。

中国菜

四川豆花饭庄
Si Chuan Dou Hua Restaurant

地图 p.104-F

交 从MRT莱佛士坊站G出口出来步行3分钟
✉ 80 Raffles Place, #60-01 UOB Plaza1
☎ 6535-6006 营 11:30～14:30、18:30～22:30
休 无休 $ S$50～100

以四川菜为主的各种地方菜

来自各地的厨师烹饪出的菜肴,增添了创新和现代感,可以说合乎万人口味。

最擅长的当然还是四川菜。店内也供应傍晚茶,价格S$30。

 小知识

不妨来个中国茶体验

在亮阁(右述)3层的留香茶艺馆内,听完有关中国茶的历史和品种的讲解之后可以入座品茶。
☎ 9925-8953
体验项目约90分钟 $ S$40～。

购物中心

中央广场购物中心
Central

地图 p.104-A

交 与MRT克拉码头地铁站直接连接
✉ 6 Eu Tong Sen St. ☎ 6532-9922
营 11:00～22:00(餐饮～23:00) 休 中国春节

位于克拉码头的大型S.C.

购物中心共4层,1～3层设有中庭,将购物中心分成东西两侧,西侧为餐饮区,东侧主要与时尚相关。4层也有美食广场。从屋顶的俱乐部或直升机停机坪俯瞰的夜景绝美。

购物中心

亮阁
Liang Court

地图 p.104-A

交 从MRT克拉码头站B口出来步行7分钟
✉ 177 River Valley Rd. ☎ 6336-7184
营 10:00～23:00 休 中国春节初一、初二

可以携家人一同闲逛的S.C.

1、2层有很多休闲日料餐饮店。3层有纪伊国屋书店。地下1层的明治屋超市,所有指引牌都附有日文,令人安心。

锡镴

皇家雪兰莪
Royal Selangor

地图 p.104-E

交 从MRT克拉码头站B口出来步行6分钟
✉ 3A River valley Rd. #01-01 ☎ 6268-9600
营 9:00～21:00(体验工房10:00～16:00) 休 无休

展厅里有少量的展品

店内出售店家自制的茶具、啤酒杯、马克杯等。杯子的制作是将圆板状的锡块用木槌捶打成形。体验制碗过程的体验工房(S$30),可以将姓名、日期嵌入作品中。

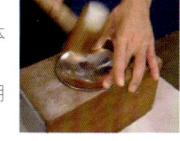

牛车水

Chinatown   地图 p.108~109

牛车水保留了旧时中国人社会的浓郁气息。这里散落不少宗教寺庙，小商品店铺鳞次栉比。另外，时尚的餐厅或商店也很多，商业街里洋溢着东方风情。

中国风广告牌比比皆是的牛车水

ACCESS   MRT牛车水站、直落亚逸站、欧南园站、丹戎巴葛站为起点站

旅游服务中心
●牛车水游客中心   Chinatown Visitor Center   地图 p.108-B
2 Banda Street   9:00~21:00（周六·周日·节日~22:00）   休 无休

区域概况

牛车水位于新加坡河西南侧，是一片区域面积较广的民族街。区域内靠近牛车水地铁站东侧，许多小巷交错纵横，从旧时沿用至今的商铺楼内，商店和餐饮店店相连，类似中国的王府井。寻访混在其中的古老中国寺院或伊斯兰寺院什么的也十分有趣。这里还有正宗的饮茶等物美价廉的中国饮食。

乐游方案

●观光   除了3大宗教还可以走访印度教、道教等的寺院，以及一些能感受新加坡历史与文化的景点。

●购物   比起奢侈品牌，这里更适合寻找、购买中国风杂货及特产。有很多中国茶、中药、中国食材出售。

●美食   远东广场等地方有很多别致餐厅，可以品尝到世界各地的料理。牛车水地铁站周边有不少老牌中餐馆、百姓饮茶店。另外在大排档还能吃到比其他地方种类都丰富的菜品。

●其他   这里有很多中式按摩店，想消除酸疼的朋友，值得一试。

Sightseeing 观光

牛车水博物馆
Chinatown Heritage Centre

地图 p.108-B

交 从MRT牛车水站A口出来步行1分钟
营 9:00~19:00
休 中国春节初一休   S S$8

博物馆的1~3层介绍了早期华人移民的历史。馆内再现了各种职业的人们生活的商铺、住宅、西服裁缝铺的工作场景以及妓院等。

逼真的展览内容令人惊叹

专业导游建议

先到游客中心

牛车水地区各条小巷错综复杂。真正要游览之前一定要前往距离牛车水地铁站5分钟步行路程的游客中心。在这里不仅可以获得有关牛车水的观光、美食及购物推荐，还有其他方面的信息，工作人员也会热情接待。还能获取详细的街道地图。

马里安曼兴都庙
Sri Mariamman Temple ✹✹

地图 p.108-B

交 从MRT牛车水站A口出来步行3分钟
营 6:00～21:00 休 无休 S 免费

　　它是新加坡最古老的印度教寺庙。寺庙宽敞，正面耸立着的大门，梵语称作gopuram，上面雕刻着色彩丰富的印度教诸神。到了夜晚，这里在灯光的装饰下十分梦幻。此外，这里还是10月底举办踏火节的主会场。

gopuram大门高15m。寺院是国家文物

牛车水美食街
Chinatown Food Street ✹✹✹

地图 p.108-B

交 从MRT牛车水站A口出来步行3分钟
营 排档时间12:00～23:00（各店不同） 休 无休

　　美食街位于史密斯街，再现了旧时排档中心景象，常设美食摊位。中央处各个熟食摊铺并排，两侧摆放椅子和圆桌。当地的人气美食也在此设有档口。虽是排档，但设有顶棚，即使突然降雨也不用担心。公共厕所也很整洁。

整日都有大量客人光顾

佛牙寺龙华院
Buddha Tooth Relic Temple & Museum ✹✹

地图 p.108-F

交 从MRT牛车水站A口出来步行6分钟
营 7:00～19:00 休 无休 S 免费

　　位于牛车水中心地带、建于2006年的佛教寺院。寺内建筑为仿唐风格，共4层，气势雄伟。1层大殿"100 Dragons Hall"正中，供奉了一尊金碧辉煌的佛像，两侧墙壁并排100尊小佛像。2层举办与佛教相关的企划展，3层是博物馆

新加坡城市画廊
Singapore City Gallery ✹✹

地图 p.108-F

交 从MRT丹戎巴葛站A出口出来步行5分钟
营 9:00～17:00 休 周日・节假日休 S 免费

　　馆内展示新加坡从过去到现在的影像及照片资料。从生活、工作、娱乐3方面重点介绍了新加坡的建筑及环境的变迁。

必看的全景透视画，能对新加坡一目了然

📷 摄影最佳地

牛车水最具代表性的丁加奴街

　　如果想要用相机拍下牛车水风情，一定要选这里。出了牛车水地铁站A口，在第一个拐角往右，就在这条小小的街道（地图p.106-B）里，旧时就有的临街商铺绵延不断，售卖杂货特产的小货摊鳞次栉比。街道左右延伸出去的路面上也摆满了小摊，市井风情满满。

Sightseeing 观光

天福宫
Thian Hock Keng Temple ✸✸✸

地图 p.109–G

🚇 从MRT直落亚逸站出来步行5分钟
🕐 7:30～17:30　休 无休　💲 免费

1841年，早期移民到新加坡的中国福建人为了祈祷出海平安而修建的道教寺院。宫内常年香火不断，柱子和房梁经年累月黑得发亮，充满威严感。

正殿被指定为国家重点保护建筑

远东坊
Far East Square ✸✸✸

地图 p.109–C

🚇 从MRT直落亚逸站出来步行1分钟
🕐 太极馆10:00～22:00　营业时间各店不同
休 无休　💲 免费

位于直落亚逸地铁站近前，以餐饮为中心的休闲区域。光是和食物相关的店铺就有30家以上入驻，街市热闹。这里还有利用寺院建筑开放的博物馆Fuc Tai Chi。

旧时商铺屋改造而成的餐饮店云集

新加坡达士岭
Pinnacle @ Duxton ✸✸

地图 p.108–I

🚇 从MRT欧南园站G口出来步行5分钟
🕐 9:00～22:00（依据情况有变更可能）
休 无休　💲 S$5

耸立于山丘上的大型公共国宅社区内的屋顶瞭望台。可以眺望壮观的市区景

市区方向的高楼群十分壮观

色。购票必须用易通卡（→p.38），一张卡只能购买一人票。先到门卫管理处支付门票钱，上到50层后，用刚才支付票钱的卡片放在黑色读卡器上刷一下，通往屋顶的门就会自动打开了。

红点设计博物馆
Red dot design Museum ✸✸

地图 p.109–G

🚇 从MRT丹戎巴葛站B口出来步行1分钟
🕐 11:00～18:00（周六・周日～20:00）　休 周三・周四休息　💲 S$8

馆内展示着世界最大的设计比赛之一——"红点设计奖"的获奖作品，以及过去2年内被实际运用的设计及其产品。

建筑物的颜色是十分鲜艳的红色

土生华人建筑群及侨生客栈
Peranakan Architecture and Baba House ✸✸✸

地图 p.108–E

🚇 从MRT欧南园站G口出来步行5分钟　营 周一14:00，周二18:30，周四10:00，周六11:00
💲 免费　e-mail:babahouse@nus.edu.sg

一说到土生华人峇峇娘惹，就会联想到代表性的鲜艳粉彩色，不过这里的建筑色调更加收敛一些，给人以雅致的印象。沿着一条叫Nail的路而建的侨生客栈（Baba House），可以进入内部参观，但是需要提前发邮件预约。

描有汉字的屋瓦和墙壁带着浓郁的中国风

Eating 美食

牛车水

茶饮餐

饮茶酒楼
Yum Cha Restaurant
地图 p.108-B

- 交 从MRT牛车水站A口出来步行3分钟
- 20 Trengganu St. ☎ 6372-1717
- 营 11:00~23:00（周六・周日・节日9:00~）
- 休 中国春节　S S$15~30

休闲享受饮茶美味的好选择

价格合理外加口味正宗，并用推车提供。入口有些难找，从新加坡昇达酒店（Santa Grand Hotel）旁边的楼梯上去2楼。

中国菜

京华小吃
Jing Hua Restaurant
地图 p.108-F

- 交 从MRT牛车水站A口出来步行9分钟
- 21 Neil Rd. ☎ 6221-3060 营 11:30~14:45LO、17:30~21:15LO 休 周三 S S$10~30

品尝绝味小笼包

百姓风味的中国菜系食堂。最有名的就是韭菜馅饺子和灌汤小笼包。不论哪一个都是中国人喜爱的口味，一不小心就容易吃多。

意大利菜

意面餐厅
Pasta Inc
地图 p.108-F

- 交 从MRT欧南园站H口出来步行5分钟
- 35 Keong Saik Rd.
- 6224-1501 需要预约 营 12:00~14:00、18:00~22:00 休 无休 S S$30~50

百吃不厌的意大利菜

餐厅位于新桥路南侧、隔着绿地较高街区里。店内正宗的意大利风味、实惠的价格及非常接地气的氛围，都使餐厅大受欢迎。此外这里的烤羊排也十分推荐。

中式海鲜料理

紫禁城酒家
Capital Restaurant
地图 p.108-E

- 交 从MRT欧南园站H出口出来步行2分钟
- 323 New Bridge Road ☎ 6222-3938/6222-2520 要预约 营 11:30~14:30、17:30~24:30 休 中国春节 S S$30~50

吃上海大闸蟹必选餐厅

这里供应的上海大闸蟹口碑很好，到了吃蟹时令，需要预约。味增蟹和用蟹肉做的面都是隐秘的人气款菜式。平时也供应面向大众的广东菜。

💬 专业导游建议

老巴刹路边排档（Lau Pa Sat Satei Stool）

位于老巴刹美食中心南侧的邦德街（Boon Tat St.），一到傍晚就变身为马来风味烤串的临时排档街。十多家小食摊一齐开始烧烤，香气诱人，顾客络绎不绝。1串大概S¢60起。营业时间19:00~次日3:00（周六15:00~）。地图p.109-H

Eating 美食

中式海鲜料理

皇廷泰式鱼翅酒家
Rama Thai Sharksfin

地图 p.108-F

交 从MRT丹戎巴葛站A口出来步行5分钟
✉ 81 Tanjong Pagar Rd. ☎ 6222-6626
营 11:30~14:30、18:00~22:00 休 中国春节
S S$50~100

美味又实惠

以实惠的价格便可品尝到高级海鲜料理的餐厅。还有特别烹制的鲍鱼，只需S$55~。

泰国菜

Thanying泰式餐厅
Thanying Restaurant

地图 p.108-J

交 从MRT丹戎巴葛站A口出来步行3分钟
✉ 165 Tanjong pager Rd. Amara Singapore 2F
☎ 6222-4688 要预约 营 11:00~14:30LO、18:30~21:30LO 休 中国春节 S S$50~

泰国王室御用的豪华料理

泰国传统宫廷料理餐厅。宫廷风格的内部装修令人印象深刻。

印度菜

Annalakshmi印度素食自助餐厅
Annalakshmi janatha

地图 p.109-C

交 从MRT直落亚逸站出来步行2分钟
✉ 104 Amoy St. ☎ 6233-0809 营 11:00~15:00 休 周日、1/1、屠妖节 S S$10~30

午间快餐兼慈善

一家素食餐厅，盈利的一部分用于捐赠给印度福祉相关慈善。也因此，午间快餐一般不设定价格，全凭顾客喜好支付。

咖啡厅

亚坤
Ya Kun Kaya Toast

地图 p.109-C

交 从MRT直落亚逸站出来步行1分钟 #01-01 Far East Square, 18 China St. ☎ 6438-3638 营 7:30~18:30（周六8:30~17:00）休 节假日 S S$5~

咖椰吐司经典早餐专营店

店内可以品尝到新加坡的经典早餐炼乳咖啡和咖椰吐司。另外，店内提供的瓶装咖啡可以作为伴手礼，超级人气，可以在高岛屋地下购物层买到。

越南菜

Viet快餐店
Viet Express

地图 p.109-C

交 从MRT直落亚逸站出来步行1分钟
✉ 03 Pickering St. #01-34 China Square Central ☎ 6536-9914 营 10:00~15:00、18:00~22:00 休 周日 S S$10~30

正宗的越南檬粉超级人气

店内可以以实惠的价格品尝到檬粉、生春卷等正宗的越南料理。小编特别推荐体验露天座席。

伊斯兰菜

Kazbar阿拉伯餐厅
Kazbar

地图 p.109-C

交 从MRT直落亚逸站出来步行2分钟
✉ 25 Church St. #01-03 Capital Square 3
☎ 6438-2975 要预约 营 12:00~24:00（周六18:00~）休 周日 预 S$30~50

感受中东的辣味

店内可品尝到摩洛哥、埃及等地的伊斯兰料理。最受欢迎的菜式有kebab烤串（S$20~）和cous cous蒸粗麦粉（S$30）等等。

Shopping 购物

百货商店

裕华
Yue Hwa

地图 p.108-B

- 交 从MRT牛车水站C口出来步行1分钟
- 📧 70 Eu Tong Sen St. ☎ 6538-4222
- 🕐 11:00~21:00（周六~22:00） 休 中国春节

想买旗袍就来这里

　　这里是牛车水唯一一处洋溢着高档感觉的百货店。共有5层，1层销售中药及女士相关用品，2层以男士相关用品为主，3层销售的是茶及中国食品。1层的旗袍商品和一般的特产店卖的不同，丝绸的质感特别好。

印章店

牛车水篆刻印章纪念品店
Chinatown Seal Carving Souvenir

地图 p.108-B

- 交 从MRT牛车水站A口出来步行3分钟
- 📧 228 South Bridge Rd. ☎ 6534-1128、手机9817-8781 🕐 10:00~18:00 休 中国春节

制作独特印章

　　新加坡的印章制作沿袭了中国的篆刻技术。不过这里可以定制英文或者生肖、徽章等图样的印章。印章的选材也很多，有石材、水牛角等。

中药

余仁生中草药店
Eu Yan Sang

地图 p.108-B

- 交 从MRT牛车水站A口出来步行6分钟
- 📧 269 South Bridge Rd. ☎ 6223-6333
- 🕐 8:30~20:00（节假日10:00~18:00）
- 休 周日·节日·中国正月3天

选购老字号中草药馈赠亲友

　　位于马里安曼兴都庙前，只要告知身体

症状，工作人员便可现场调配药品。还可以买到不少适合馈赠亲友的礼品，比如保健用的野生花旗参茶，每套6包，价格约S\$20.60。

古董·杂货

珍艺阁
House of Zhen

地图 p.108-B

- 交 从MRT牛车水站A口出来步行6分钟
- 📧 252 South Bridge Rd. ☎ 6226-3281
- 🕐 10:00~18:30 休 中国正月3天

亚洲古董的宝库

　　店内荟萃了以东南亚地区为主的各种饰品、杂货。如年代久远的麻将牌、中国民间艺术金山农民画、藤编食盒等等珍贵的物品琳琅满目。

中国茶

茶渊
Tea Chapter

地图 p.108-F

- 交 从MRT牛车水站A口出来步行9分钟 📧 #9A Neil Rd. ☎ 6226-1175 🕐 11:00~22:30（周五·周六·节日前一天·节日~23:00） 休 中国春节

买茶叶和休息一举两得

　　伊丽莎白女王也曾到访的中国茶馆。1楼主要出售茶叶及茶具。若要品茶，则需要按人头收取费用，包含乌龙及茉莉花茶的茶费S\$7，另加上包间费用S\$5。

小印度
Littl Indla 　　　地图 p.110

走在小印度街区，不管你愿不愿意，都会闻见扑鼻的咖喱香味。这里有多彩的建筑、来往穿梭的披着纱丽的女子，以及梵教的诸位神灵。置身其中，仿佛有身在印度的错觉。

实龙岗大街的理发店内

ACCESS　MRT小印度站、花拉公园站为起点

i　旅游服务中心
　　无

区域概况

主要是由南印度移居新加坡的人建立而成的印度人街区。繁华街道主要围绕南北纵深的实龙岗路（Serangoon Rd.）为中心延展。只要从大街拐进小胡同，就能立马感受到他们充满生活气息的街头巷尾景象。此外，位于小印度区域内的各种梵意浓郁的印度教寺庙、色彩鲜艳的中国道教宫观和佛教寺院，也是这一区域的特色。

乐游方案

● **观光**　参观印度教寺庙和中国寺庙是主线。从实龙岗路拐进东西延伸的各个小胡同里，就可以近距离接触印度世界。

● **购物**　实龙岗路沿街以及胡同两侧布满了印度的金品店和饰品店。还有很多出售杂货、真丝纱丽及香辛料的店铺。逛街淘宝贝也是一大乐趣。

● **美食**　以印度菜为中心。在购物中心周边以及胡同里很容易就吃到排档小吃，菜品种类也十分丰富。

Sightseeing　观光

维拉玛卡里雅曼兴都庙
Sri Veeramakali Aman Temple ★★

地图 p.110-F

🚇 从MRT小印度站E口出来步行6分钟
🕐 5:30~12:00、14:00~21:00　休 无休　$ 免费

被实龙岗街道的商店包围的印度教寺院。被称作gopuram的庙门上，雕刻着各种神灵及印度教中神圣的动物牛，色彩丰富艳丽。

这里的庙门尤为华丽

💬 专业导游建议

不可错过的加保路　　地图 p.110-F

从小印度地铁站E出口出来步行3分钟左右即到。街道边彩色外观的建筑绵延数十米。这里也有印度杂货店和一些小餐厅。光是欣赏这些街景就十分有趣。

小印度

斯里尼瓦沙柏鲁马兴都庙
Sri Srinivasa Perumal Temple ✤✤

地图 p.111-C

交 从MRT花拉公园站G口出来步行2分钟
营 5:30～12:00、17:00～21:00 休 无休 S 免费

这是位于实龙岗街边的一座印度教寺庙，寺内供奉着色彩鲜艳的曼陀罗及诸神像。每年1月举办的奇特祭典大宝森节（→p.59）就是以这里为起点出发的。朝圣的教徒们要将铁环或钩钉刺入身体，从这里一路步行到3公里以外的丹达乌他帕尼兴都庙（→p.59）完成苦行。

庙堂内虔诚的教徒身影

千灯寺院
Temple of Thousand Lights ✤✤✤

地图 p.111-C

交 从MRT花拉公园站B口出来步行5分钟
营 8:00～16:45 休 无休 S 免费

位于龙山寺的斜前方，正式的名称是释迦牟尼菩提迦耶寺。全身贴满金箔的大佛周围点着1000多盏明灯，因此寺院得名千灯寺院。从大佛背后可以进入佛胎内部，里面还供奉着一尊卧佛。

大殿内镇坐的大佛高15m，重约300吨

龙山寺
Leong San See Temple ✤✤

地图 p.111-C

交 从MRT花拉公园站B口出来步行5分钟
营 8:00～18:00 休 无休 S 免费

入口面朝马场道。这里是佛教寺院，里面供奉的是观音像。寺内的回廊

屋顶的雕龙也十分精湛，檐下的雕刻也引人注目

及屋顶上的雕龙等等都十分精湛，值得一看。

Eating 美食

中式海鲜料理

星洲海鲜酒楼
Singapura Restaurant

地图 p.110-J

交 从MRT小印度站A口出来步行6分钟
✉ 9 Selegie Rd. #01-31 Selegie House
☎ 6336-3255 要预约 营 11:00～14:30、18:00～22:30 休 周一 S S$50～100

冷蟹是招牌菜

想品尝南国螃蟹原味的人一定要来这里。只是将煮好的螃蟹弄凉，即使不添加黑醋或辣椒酱，饱满的螃蟹汁及螃蟹肉都十分可口。

印度菜

蕉叶阿波罗餐厅
The Banana Leaf Apolo

地图 p.110-F

交 从MRT小印度站E口出来步行2分钟
✉ 54/56 Race Course Rd. ☎ 6293-8682
营 10:30～22:30 休 无休 S S$30～50

用香蕉叶盛放的咖喱美味

用深绿色的香蕉叶作为容器，将各式各样的咖喱和鸡肉盛入其中，光是看着便让人食欲大增。店内供应的新加坡特色美食咖喱鱼头，分为S、M、L3种分量大小，价格约S$22～。

Eating 美食

印度菜

印度丛林主题餐厅
The Jungle Tandoor

地图 p.110-F

- 交 从MRT小印度站E口出来步行5分钟
- 102 Serangoon Rd.
- ☎ 6299-0400
- 营 11:00~24:30
- 休 无休
- S$10~30

在印度丛林中享用美食

店内装修营造出一片印度丛林的独特氛围。店内的印度烤鸡、印度烤鱼最受欢迎。当然还有咖喱。

印度菜

德里印度餐厅
Delhi Restaurant

地图 p.110-F

- 交 从MRT花拉公园站F口出来步行6分钟
- 195 Serangoon Rd. Broadway Hotel Singapore 1F
- ☎ 6297-1148
- 营 8:00~23:00
- 休 无休
- S$30~50

可尝到北印度风味菜

午餐提供素食套餐（S$7）、非素食套餐（S$8）等，所有餐点价格都十分实惠。餐厅擅长烧烤类菜式。

小知识

吃印度菜的礼仪及禁忌

吃印度菜最需要注意的是餐桌礼仪。原则上只能使用右手手指吃东西。因为在印度教中，左手被视为不洁，所以和印度人握手时，记得别一时粗心伸出了左手。对于不习惯的人来说，用手指抓东西吃实在太难，你也可以借助汤勺或叉子。

Shopping 购物

购物广场

竹脚中心
Tekka Centre

地图 p.110-F 日 英

- 交 从MRT小印度站E口出来步行1分钟
- 664 Buffalo Rd.
- 无
- 营 6:00~23:00
- 休 无休

印度的食材和衣服琳琅满目

这是居住在小印度的印度人采购生鲜食品及日用品的市场。1层一半是餐厅和排档，一半是出售干果、水果和鱼肉的生鲜市场。2层全是销售民族服饰纱丽的门店。

亚洲杂货

亚洲工艺美术品店
Asian Arts and Crafts

地图 p.110-F

- 交 从MRT花拉公园站F口出来步行6分钟
- 180 Serangoon Rd.
- ☎ 6299-0500
- 营 10:00~20:00
- 休 无休

印度风的艺术工艺品

店内的砂岩制品很赞。这里出售的印度手串价格在S$30~S$60，作为伴手礼，价格也合适。

购物中心

慕达发中心
Mustafa Centre

地图 p.111-G

- 交 从MRT花拉公园站F口出来步行5分钟
- 145 Syed Alwi Rd.
- ☎ 6295-5855
- 营 24小时营业
- 休 无休

商品品类丰富，要买伴手礼品就到这里

像迷宫一样的卖场里不仅有洋装，也有玩具、杂货以及珠宝首饰、药品等商品，对于游客来说十分便利。

武吉士/阿拉伯街

Bugis/Arab Street 地图 p.110~111

这是一片充满各色摊贩、挤满各种小商贩店铺的地块。门前的大街上，民族工艺杂货店和民族特色餐饮店鳞次栉比，一片异国情调，让人想细细游逛体验一番。

马来裔穆斯林家庭

ACCESS 以MRT武吉士站为起点，步行至阿拉伯街大约10分钟。

i 旅游服务中心
无

区域概况

这片区域分为武吉士和阿拉伯街。武吉士曾经是繁荣的日本人居区，阿拉伯街则是作为伊斯兰教徒聚居区而开发的。前者在二战结束后曾衰退了一段时间，近些年通过再开发又重新成为了商业街区。后者是以苏丹回教堂为中心的一片小而干净的区域，充满伊斯兰的独特氛围，即使迷失在小巷里也不失为一种乐趣。特别是巴梭拉街（Bussorah St.）、阿拉伯街（Arab St.）、哈芝巷（Haji Lane）这些街区都非常推荐。

乐游方案

●观光 可以前往武吉士村和阿拉伯街探访琳琅满目的小摊铺和市场。阿拉伯街最主要的观光景点是苏丹回教堂。还可以逛逛教堂周边的街巷，洋溢着异国风情。

●购物 各条街道都有自己的特色，纺织品、毛毯、藤制品等手工艺品杂货令人目不暇接。武吉士一带销售的日常生活用品都便宜，而且种类多样。

●美食 这里有很多北非、土耳其等伊斯兰文化圈的风味餐厅。还有武吉士一带好评如潮的连城街里那些美食小店。

Sightseeing 观光

武吉士村
Bugis Village

地图 p.111-K

交 从MRT武吉士站C口出来步行1分钟

位于武吉士地铁站西侧一角的就是武吉士村，面朝武吉士街和皇后街。这一带出售的商品一应俱全，有食品、杂货、饰品、玩具、鞋子等等。人群拥挤，有点像赶集似的氛围，略显嘈杂。

专业导游建议

到阿拉伯街的沿街摊铺淘宝 地图 p.110-J

位于武吉士地铁站西侧的阿拉伯街，是步行者的天堂。各种摊铺、小店挤满了街道两侧。说不定能在这里淘到别具特色的伴手礼呢。

Sightseeing 观光

观音堂
Kwan Im Thong Hood Cho Temple

⚹⚹

地图 p.110-J

交 从MRT武吉士站C口出来步行6分钟
营 6:00~18:00（中国春节期间到正月十五为止5:00~18:45，节日4:00~18:45）参拜自由

位于武吉士村西侧，面朝四马路而建的佛教寺院。中式寺院特色的红柱子、绿色与橘色涂成的屋顶及雕龙装饰都很引人注目。

殿堂内供奉观音像

苏丹清真寺
Sultan Mosque

⚹⚹⚹

地图 p.111-K

交 从MRT武吉士站B口出来步行8分钟
营 9:00~12:00、14:00~16:00（只有周五14:30~）
休 无休 $ 免费

它是新加坡最大的伊斯兰清真寺，巨大的金色圆屋顶是它耀眼的特征。游客只允许在入口和回廊处参观。入寺禁止身着裸露肌肤的服装。

金碧辉煌的圆屋顶格外醒目

巴梭拉街
Bussorah St.

⚹⚹

地图 p.111-K

交 从MRT武吉士站B口出来步行8分钟

从清真寺正面入口处开始延伸至美路的一条小巷。巴格达街到清真寺的这段路是禁止车辆入内的，很适合闲逛。这里到处是有着异域情调的礼品店。还有摩洛

街道两侧挤满了商铺小楼

哥菜的特色餐厅、美容院、咖啡厅等等，是个多彩又喧嚣华丽的地方。

哈芝巷
Haji Lane

⚹⚹⚹

地图 p.111-K

交 从MRT武吉士站B口出来步行7分钟

位于阿拉伯街西侧南北延伸的街道就是哈芝巷。这附近如今已成为非常吸引人的街区。窄小的巷子里，沿街都是异国情调的多彩礼品店，每天都有喜欢民间工艺品杂货的游客们流连忘返。

购物间歇可以在开放式咖啡店休息

马拉巴清真寺
Malabar Mosque (Masjit Malabar)

⚹

地图 p.111-G

交 从MRT劳明达站B口出来步行7分钟
营 5:00~22:00 休 无休 $ 免费（自行奉献）

这是新加坡一座独特的美丽清真寺，以蓝色瓷砖和金色圆顶为特色。它是由来自印度喀拉拉州的穆斯林们出资修建的，历时7年于1963年建成。

蓝色映衬在绿荫背景下格外美丽

Eating 美食

素食

东南亚观音素食馆
Kwan Im Vegetarian Restaurant

地图 p.110–J

- 交 从MRT武吉士站C口出来步行5分钟
- ✉ 190 Waterloo St. South East Asia Hotel IF
- ☎ 6338–2394　营 8:30~20:30
- 休 中国春节　$ S$30~50

很像日本禅寺的普通料理

原本是为去往隔壁观音寺（→p.72）参拜的信众们提供素食的餐厅。厨师们将汤菜、豆腐进行创意制作，看起来像肉或鱼，也十分浓郁可口。

意大利菜

橄榄树餐厅
Olive Tree

地图 p.110–J

- 交 从MRT武吉士站C口出来步行1分钟
- ✉ 新加坡洲际大酒店（→p.81）1F　☎ 6825–1061
- 营 6:00~10:30、12:00~14:30、18:00~22:30（周六・日 18:00~）
- 休 无休　$ S$50~80

地中海料理全自助

这是一家自助式地中海料理餐厅。午餐平日是S$55，晚餐价格S$68。意大利面等都是无限量享用。

马来菜

Mamanda餐厅
Mamanda

地图 p.111–K　　　　　　　　　　　　　日

- 交 从MRT武吉士站B口出来步行12分钟
- ✉ 73 Sultan Gate　☎ 6396–6646 要预约
- 营 10:00~22:00　休 开斋节　$ S$30~50

在富丽堂皇的环境中品尝马来料理

置身原政府高官府邸餐厅，品尝传统马来料理。推荐菜是烤鱼。

Shopping 购物

购物中心

白沙浮购物广场
Bugis Junction

地图 p.111–K

- 交 从MRT武吉士站C口出来步行1分钟
- ✉ 200 Victoria St.　☎ 6557–6557
- 营 11:00~22:00（各店不同）　休 中国春节

武吉士的信息发送空间

这是一座地上4层，地下1层的带拱顶购物商厦。入驻的店铺包括时装店、杂货店等200多家。覆盖全场的玻璃拱顶是这里的一大特色。

香水

阿拉伯香水店
Jamal Kazura Aromatics

地图 p.111–K

- 交 从MRT武吉士站B口出来步行10分钟
- ✉ 21 Bussorah Street　☎ 6293–3320
- 营 9:30~19:30　休 开斋节

民俗特色香水与香水瓶

摆满橱窗的香水瓶吸引人的眼球。香水价格一般为6毫升S$10左右。香水瓶价格S$12~S$40。店内可以放心用中文交流。

手工艺・革制品

Rishi手工艺品店
Rishi Handicrafts

地图 p.111–K

- 交 从MRT武吉士站B口出来步行9分钟
- ✉ 58 Arab St.　☎ 6298–2408
- 营 10:00~18:00　休 无休

手工制作的皮革商品琳琅满目

这是一家位于阿拉伯街的手工艺店铺。店内出售的商品以皮革包为主，还有藤条箱等，均是纯手工制品。

发现新加坡 在精品杂货店里"乐淘"

现如今在新加坡,杂货精品店日渐兴盛。店内货品也从过去的门类齐全逐渐向略深邃的精专店转变。比如专营缅甸或泰国物品的精品杂货店等等。市内出售民间艺术品或民族工艺品的杂货店主要集中在阿拉伯街、牛车水、荷兰村这几个地方。最近较受欢迎的是马来人聚居的加东地区。

越南杂货小铺

店内摆满了设计独特的漆器及小物等,都是在越南当地加工制作、充满亚洲风情的商品。

晴轩
Khim's Collections 地图 p.111-L
交 从MRT武吉士站B口出来步行10分钟
✉ 13 Bussorah St. ☎ 6299-1192
营 10:00~19:00 休 中国春节

云集世界各地的杂货

店内宽敞,充满艺术感的商品很多。

亚洲风格的布料制作的装饰性小手包。

The Loft工艺品店 地图 p.107-G
交 从MRT索美塞站出来过地下道步行2分钟
✉ 176 Orchard Rd. #04-05/06 The Centerpoint ☎ 6738-7687
营 11:00~20:00 休 不定休(1月1日、中国春节及圣诞节休业)

新潮物件满当当

多彩多样的杂货都是法国人店家自己的设计或者精心采购的物件。

峇峇娘惹杂货宝箱

位于离市区稍远的加东地区,时间充裕的话一定要去逛逛。峇峇娘惹独特的精细花样及用色都各有风味。

粉彩色调的店铺门面

鲁玛比比精品屋
Rumah Bebe 地图 p.7-G
交 从MRT巴耶利峇站出来搭车7分钟
✉ 113 East Coast Rd. ☎ 6247-8781 营 9:30~18:30 休 周一

玫瑰香樟树服饰店
Rose Citron 地图 p.108-F
交 从MRT欧南园站H口出来步行17分钟 ✉ 23 Keong Saik Road
☎ 6323-1368 营 10:00~18:30
休 周日、节日

绿树掩映下的粉蓝色外

圣淘沙岛

Sentosa Island　　地图 p.75

在布满休闲度假设施的圣淘沙岛上，最热门的当然还是环球影城和圣淘沙名胜世界。此外还有丰富的特别节目。在这里玩上一整天也觉得不够。

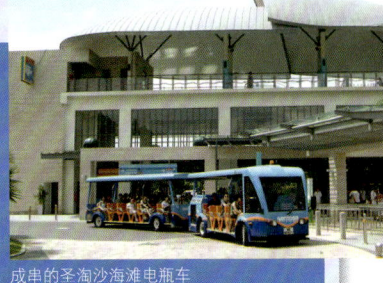

成串的圣淘沙海滩电瓶车

ACCESS 从MRT港湾站前往圣淘沙捷运换乘，在滨海站、英比奥站、海滩站下车。

旅游服务中心

圣淘沙游客服务中心

Sentosa Visitor Centre

✉ 圣淘沙捷运海滩站内

营 9:00~20:00　休 无休

区域概况

圣淘沙岛是位于新加坡本岛近南端的一座休闲岛屿。休闲设施主要集中在岛的西半部，以圣淘沙名胜世界（RWS→p.14）内的新加坡环球影城（→p.16）为标志性设施。赌场以及最近新开的海洋馆也很有趣。岛屿南部有人工建造的海滩。此外岛内还有高37m的鱼尾狮塔、能与海豚同游的水族馆等多种设施，不论大人还是小孩都能在这里畅游一整天。在游岛之前可以先到游客中心领取导览小册子。

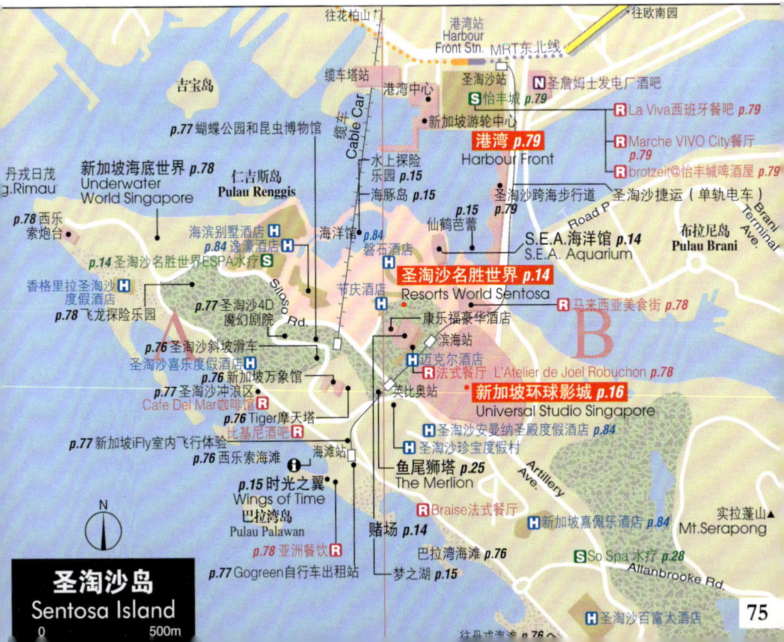

往花柏山
往欧南园
港湾站 Harbour Front Stn.
MRT东北线
缆车塔站
港湾中心
圣淘沙站
圣詹姆士发电厂酒吧
怡丰城 p.79
La Viva西班牙餐吧 p.79
新加坡游轮中心
港湾 p.79 Harbour Front
Marche VIVO City餐厅 p.79
brotzeit@怡丰城啤酒屋 p.79
吉宝岛
p.77 蝴蝶公园和昆虫博物馆
缆车 Cable Car
水上探险乐园 p.15
海豚岛 p.15
圣淘沙跨海步行道 p.79
圣淘沙捷运（单轨电车）
丹戎日茂 g.Rimau
新加坡海底世界 p.78 Underwater World Singapore
仁吉斯岛 Pulau Renggis
p.15 仙鹤芭蕾
Road
Brani Terminal Ave.
p.78 西乐索炮台
海滨别墅酒店
p.84 逸濠酒店
海洋馆 p.84
磐石酒店
S.E.A.海洋馆 p.14 S.E.A. Aquarium
布拉尼岛 Pulau Brani
p.14 圣淘沙名胜世界ESPA水疗
香格里拉圣淘沙度假酒店
Siloso Rd.
节庆酒店
圣淘沙名胜世界 p.14 Resorts World Sentosa
马来西亚美食街 p.78
p.78 飞龙探险乐园
p.77 圣淘沙4D魔幻剧院
康乐福豪华酒店
A
B
p.76 圣淘沙斜坡滑车
滨海站
圣淘沙喜乐度假酒店
迈克尔酒店
法式餐厅 L'Atelier de Joel Robuchon p.78
p.76 新加坡万象馆
p.77 圣淘沙冲浪区
英比奥站
新加坡环球影城 p.16 Universal Studio Singapore
Cafe Del Mar咖啡馆
p.76 Tiger摩天塔
圣淘沙安曼纳圣殿度假酒店 p.84
比基尼酒吧
p.77 新加坡iFly室内飞行体验
圣淘沙珍宝度假村
p.76 西乐索海滩
海滩站
鱼尾狮塔 p.25 The Merlion
Artillery Ave.
p.15 时光之翼 Wings of Time
巴拉湾岛 Pulau Palawan
Braise法式餐厅
新加坡嘉佩乐酒店 p.84
实拉蓬山 Mt.Serapong
N
赌场 p.14
p.78 亚洲餐饮
巴拉湾海滩 p.76
So Spa水疗 p.28
p.77 Gogreen自行车出租站
梦之湖 p.15
Allanbrooke Rd.
圣淘沙岛 Sentosa Island
0 500m
圣淘沙百富大酒店

Sightseeing 观光

乐游方案

● 观光·节目　想体验的节目活动一箩筐。光是新加坡环球影城（USS）至少需要花上半天时间。剩下的时间就根据自己的喜好体验几个最想去的项目即可。晚上可在海滩欣赏灯光秀时光之翼。

● 购物　新加坡环球影城或者海洋馆里出售的纪念品或小礼品都很受欢迎。

● 美食　从酒店的高级餐厅到海滩边的小食一应俱全，总体价格略贵。推荐选用马来西亚美食街（→p.78）。

● 美体　岛内的酒店都有水疗设施服务，可以在那里享受优雅时光。

岛内交通

　　岛内的交通工具是免费乘坐的。最主要的交通工具是公交，共有1号、2号、3号三条巴士线路运行。其中，1号和2号线运岛的西半部，3号线辐射全岛，游客们可以根据自己的目的地有选择性地乘坐。如果要在西海岸海滩沿线活动，可以选坐圣淘沙海滩电瓶车更为方便。

专业导游建议

在海滩悠闲徜徉

　　圣淘沙岛西岸从北至南，分别是西乐索、巴拉湾、丹戎这3处人工海滩，可以轻松舒畅地游玩。还可以体验皮艇、冲浪板等海上娱乐项目。海滩上设有存物柜及免费的淋浴更衣场所，还有一些提供食物的简易设施。

Tiger摩天塔
Tiger Sky Tower

地图 p.75-A ✱

交 从英比奥景区公交车站步行5分钟　营 9:00～21:00　休 无休　S S$15

　　塔高110m，为可享受数分钟空中之旅的观光塔。圆形客舱缓慢旋转上升至海拔131m的高点，圣淘沙岛的全景尽收眼底。

可360度观景

新加坡万象馆
Images of Singapore

地图 p.75-A ✱✱

交 从英比奥景区公交车站步行5分钟　营 9:00～19:00　休 无休　S S$10

　　用蜡像、3D、影像等方式再现新加坡历史与民俗的博物馆。馆内还展示了新加坡各民族的节日活动及结婚仪式等。

逼真的人物蜡像

圣淘沙斜坡滑车
Skyline Luge Sentosa

地图 p.75-A ✱✱

交 乘坐圣淘沙捷运在海滩站下来步行5分钟　营 10:00～21:30　休 无休　S S$13

　　这种滑板车形状像雪橇，带滑轮，游玩时沿着650m长的弯曲道滑行而下。大人小孩都能玩。在滑板终点处还设有空中吊椅娱乐设施，可以坐在上面俯瞰岛内风景。

适度的刺激感让人着迷

新加坡iFly室内飞行体验
iFly Singapore

地图 p.75-A ✽✽✽

交 从圣淘沙捷运海滩站步行1分钟
营 9:00~22:00（周三10:30~）休 无休
$ S$99 不能穿凉鞋或拖鞋（租鞋S$4）

这是一个利用人造地面风洞体验飞行的室内飞行体验馆。先进行飞行培训练习，之后换上飞行体验服前往有5层楼高的圆柱形风洞。单人按顺序体验，共需要2小时。

指导教练会一直陪同，直至客人适应

Gogreen自行车出租站
Gogreen Segway

地图 p.75-A ✽✽

交 从圣淘沙捷运海滩站步行1分钟
营 10:00~20:30 要预约 休 无休 $ S$12~

这里可以体验未来型代步工具思维车。有绕一圈约10分钟的"Fun Ride"等2种体验选择。

只要掌握窍门其实很简单

蝴蝶公园和昆虫博物馆
Butterfly Park & Insect Kingdome Museum

地图 p.75-A ✽

交 从英比奥景区公交车站步行1分钟
营 9:30~19:00 休 无休 $ S$16

蝴蝶公园里花儿争芳斗艳，各种美丽的蝴蝶飞舞其中。而在博物馆里，展览着形态如树叶的木叶虫等各种珍贵标本。

好多都是昆虫发烧友垂涎不已的珍稀标本

圣淘沙4D魔幻剧院
Sentosa 4D Adventureland

地图 p.75-A ✽✽

交 从圣淘沙捷运海滩站步行5分钟
营 10:00~21:00（最后一场20:15上映）休 无休
$ S$38.90

4D是结合3D立体影视效果，配上装有各种机关的动感座椅，带给人们身临其境感觉的体验项目。上映时长15分钟，每30分钟一场，放映的内容会定期变化，现在放映的是乘坐独木舟顺湍流而下、恐龙岛冒险以及以西部乡村为舞台背景的射击游戏这3部轮换。

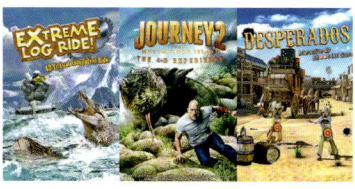

不论哪部都充满想象

圣淘沙冲浪区
Wave House Sentosa

地图 p.75-A ✽✽✽

交 坐海滩电瓶车到东怡度假村后步行2分钟
营 管浪 / 13:00~22:00（周三・周六・周日11:00~）1小时S$45（周末S$50） 逆流冲浪 / 10:30~22:30 1小时S$35（周末S$40）
休 无休

有2种项目可选：一种是在人工制造的巨浪中体验冲浪的管浪（Flow Barrel）；一种是在急速水流中踏上冲浪板的逆流冲浪（Flow Rider）。后者会配备教练，不用担心。另外还设有咖啡屋、酒吧、冲浪商店等设施。

果然还是小孩的平衡感更赞

Sightseeing 观光

飞龙探险乐园
Mega Zip Adventure Park
地图 p.75-A ✸✸

交 从英比奥景区巴士站步行10分钟
营 11:00~19:00 休 无休 $ Mega Zip高空滑索S$38，Para Jump极限跳跃S$18另付

最受欢迎的就是Mega Zip高空滑索，从英比奥山的高台出发，利用滑轮钢索滑降至450m开外的西乐索海滩，非常刺激。

滑翔时间一晃而过

新加坡海底世界
Underwater World Singapore
地图 p.75-A ✸✸✸

交 从西乐索巴士站步行1分钟 营 10:00~19:00 休 无休 $ S$29.90 与海豚同游 S$170 海豚表演时间11:00、14:00、16:00、17:45

极具人气的水族馆，它最热门的看点就是全长83m的海底隧道形水槽。乘着移动步道，体验满满的海底漫步感觉。孩子们最喜欢的还是海豚体验馆。和海豚一同游泳、嬉戏欢乐不断。

巨大的海鱼在眼前成群游过，动人心魄

西乐索炮台
Fort Siloso
地图 p.75-A ✸

交 从西乐索巴士站步行5分钟
营 10:00~18:00 休 无休 $ S$12

位于圣淘沙岛西端小高地上的要塞遗迹。这里曾是二战时日军与英军激烈交战地。

述说着这里曾是战场的故事

Eating 美食

美食街

马来西亚美食街
Malaysian Food Street
地图 p.75-B

交 从圣淘沙捷运站、滨海捷运站步行1分钟 ✉ 8 sentosa gateway Resorts World Sentosa ☎ 6577-8888 营 11:00~22:00（周五·周六9:00~23:00、周日9:00~）
$ S$10~

巧妙点单的话，价格和大排档相当

云集了马来西亚有名店铺，再现过去风貌的摊铺街。推荐品尝土锅鸡饭。

休闲餐

亚洲餐饮
Tastes of Asia
地图 p.75-A

交 从圣淘沙捷运海滩站步行5分钟 ✉ 40 Imbiah Rd. ☎ 6273-1743
营 11:00~22:00 休 无休 $ S$10~30

2楼是从下午6点开始营业的露天坐席

位于"时光之翼"表演会场前面的一家休闲餐厅。在这里可以品尝到东南亚菜肴。

法式菜

法式餐厅
L'Atelier de Joël Robuchon
地图 p.75-B

交 从圣淘沙捷运站、滨海站步行3分钟 ✉ 8 Sentosa Gateway Hotel Michael 1F
☎ 6577-6688要预约 营 18:00~22:30（周六·周日11:30~14:00） 休 周二·周三
$ S$100~

氛围祥和的法风餐厅

这里有米其林星级评价最高的大厨，并由他们亲手打造朴带休闲的餐厅。周末也可在此享用丰盛午餐。入口处的糕点屋也十分受欢迎，甚至有不少人专程慕名而来。

港湾 导览NAVI
Harbour Front

所需时间 4小时

地图 p.75

它是进入圣淘沙岛的关口，仅仅路过的话太过可惜

位于新加坡本岛南端的港湾是进入圣淘沙岛的关口，可如果你只是简单在这里做个换乘，未免有些"暴殄天物"的嫌疑。这里可是拥有新加坡档次最高的购物中心怡丰城、圣詹姆斯午夜娱乐城等的极受青睐的一片区域。乘坐缆车前往花柏山只需5分钟。从瞭望台远眺市区街景美不胜收。用餐可以在怡丰城内各楼层的餐厅内解决。想购物也有本地品牌到世界级奢侈品可供选择。若有时间还可以到圣淘沙跨海步道走走。

交 / MRT港湾站

怡丰城靠海一侧的步道，海风习习令人心旷神怡。

花柏山　高115m。周边已建成公园，与小型鱼尾狮雕像遥相对望的是延伸的圣淘沙岛。

圣淘沙跨海步道　24小时免费开放。

★港湾重要景点

brotzeit@怡丰城　从德国直接进口的啤酒配上德国料理。怡丰城1楼。

怡丰城　租户超过300家的超大型购物中心。3层的餐饮区及"大食代"内，可以吃到各国菜式。

Marche VIVO City餐厅　宽敞的店铺内宛如一个市场，可以到自己喜欢的专柜大口吃自己喜爱的食物。位于怡丰城楼顶。

La Viva西班牙餐吧　推荐西班牙凉菜汤。还提供丰富的西班牙红酒。位于怡丰城3楼。

Stay 住宿

关于酒店

客房设施及服务

中等以上的酒店大多包含游泳池、健身房、健身俱乐部等设施。高端酒店则还设有能体验新加坡独特傍晚茶的餐厅或购物中心。

◆钥匙卡　客房的钥匙几乎都是卡片式。外出时无须特别寄存在前台。

◆网络　几乎可以说所有酒店都可使用Wi-Fi，中等以上的酒店有的网络是要付费使用的。

◆浴室　最近即使是中等级别的酒店，如果是新建的，只设有淋浴设施不带浴缸的客房越来越多。

◆插座　新加坡电压为220～240V，50Hz。插座形状是英国式的三孔插座。用本国电器需要接转换插头，不过一般中等级别的酒店都备有转换插头，不用担心。

◆安全　酒店内有用于存放现金或护照等贵重物品的保险柜。有的是用钥匙锁，有的使用密码锁。

◆吸烟　酒店内禁止吸烟，违反者将被罚以重金。

◆洗衣服务　早上送出去洗的衣服傍晚会洗好。带投币式洗衣房服务的酒店很少。

洗漱用品可以带走

🏊泳池　🔒保险柜　💻客房LAN　📶Wi-Fi

市区

莱佛士酒店
Raffles Hotel Singapore
🏊🔒💻📶
地图 p.105-C
- 交：从MRT滨海中心站F口出来步行2分钟
- 1 Beach Rd.
- ☎ 6337-1886　FAX 6339-7650
- S S$1300~　室 103室
- HP http://www.raffleshotel.com

新加坡费尔蒙酒店
Fairmont Singapore
🏊🔒💻📶
地图 p.104-B
- 交：从MRT政府大厦站A口出来步行1分钟
- 80 Bras Basah Rd.
- ☎ 6339-7777　FAX 6337-1554
- S S$400~　室 769室
- HP http://www.fairmont.jp/singapore

瑞士史丹福酒店
Swissôtel The Stamford
🏊🔒💻📶
地图 p.104-B
- 交：从MRT政府大厦站A口出来步行1分钟
- 2 Stamford Rd.
- ☎ 6338-8585　FAX 6338-2862
- S S$350~　室 1261室
- HP http://www.swissotel.com

新加坡卡尔登酒店
Carlton Hotel Singapore
🏊🔒💻📶
地图 p.103-G
- 交：从MRT百胜站A口出来步行2分钟
- 76 Bras Basah Rd.
- ☎ 6338-8333　FAX 6339-6866
- S S$350~　室 915室
- HP http://www.carltonhotel.sg

新加坡君乐皇府酒店
Grand Park City Hall
🏊🔒💻📶
地图 p.104-B
- 交：从MRT政府大厦站B口出来步行5分钟
- 10 Coleman St.
- ☎ 6336-3456　FAX 6339-9311
- S S$350~　室 329室
- HP http://www.parkhotelgroup.com

新加坡大太平洋酒店（豪绅酒店）
Hotel Grand Pacific Singapore
🏊🔒💻📶
地图 p.103-G
- 交：从MRT百胜站A口出来步行3分钟
- 101 Victoria St.
- ☎ 6336-0811　FAX 6339-7019
- S S$300~　室 237室
- HP http://www.hotelgrandpacific.com.sg/

圣淘沙岛

市区	**新加坡龙都大酒店** Rendezvous Hotel Singapore 地图 p.110-I	从MRT百胜站D口出来步行1分钟 9 Bras Basah Rd. 6336-0220　FAX 6337-3773 S$250~　298室 http://www.rendezvoushotels.com
滨海湾	**滨海湾金沙大酒店** Marina Bay Sands 地图 p.105-L	与MRT海湾舫站B出口直接连接 10 Bayfront Avenue 6688-8888　FAX 非公开 S$500~　2561室 http://www.marinabaysands.com
滨海湾	**新加坡威斯汀酒店** The Westin Singapore 地图 p.109-H	从MRT市中心站出来步行3分钟 12 Marina View, Asia Square Tower 2 6922-6861　FAX 6922-6819 S$400~　305室 http://www.thewestinsingapore.com
滨海湾	**富丽敦海湾酒店** The Fullerton Bay Singapore 地图 p.104-J	从MRT莱佛士坊站B口出来步行3分钟 80 Collyer Quay 6333-8388　FAX 6386-8388 S$500~　100室 http://www.fullertonbayhotel.com
滨海湾	**新加坡浮尔顿酒店** The Fullerton hotel Singapore 地图 p.104-F	从MRT莱佛士坊站H口出来步行3分钟 1 Fullerton Square 6733-8388　FAX 6735-8388 S$500~　100室 http://www.fullertonhotel.com
滨海湾	**新加坡丽思卡尔顿美年酒店** The Ritz-Carlton Millenia Singapore 地图 p.105-D	从MRT宾门廊站A口出来步行1分钟 7 Raffles Ave. 6337-8888　FAX 6338-0001 S$500~　608室 http://www.ritzcarlton.com
滨海湾	**新加坡文华东方酒店** Mandarin Oriental, Singapore 地图 p.105-C	从MRT宾门廊站A口出来步行5分钟 5 Raffles Ave., Marina Square 6338-0066　FAX 6339-9537 S$400~　527室 http://www.mandarinoriental.com
滨海湾	**新加坡泛太平洋酒店** Pan Pacific Singapore 地图 p.105-C	从MRT宾门廊站A口或滨海中心站B口出来步行5分钟 7 Raffles Blvd., Marina Square 6366-8111　FAX 6339-1861　S$400~ 778室 http://www.panpacific.com
滨海湾	**新加坡港丽大酒店** Conrad Centennial Singapore 地图 p.105-C	从MRT宾门廊站B口出来步行1分钟 2 Temasek Blvd. 6334-8888　FAX 6333-9166 S$400~　507室 http://conradhotels.hilton.co.jp
滨海湾	**新加坡滨华大酒店** Marina Mandarin Singapore 地图 p.105-C	从MRT滨海中心站B口出来步行2分钟 6 Raffles Blvd., Marina Square 6845-1000　FAX 6845-1001 S$300~　575室 http://www.meritushotels.com/ja
武吉士	**新加坡洲际大酒店** InterContinental Singapore 地图 p.110-J	从MRT武吉士站C口出来步行1分钟 80 Middle Rd. 6338-7600　FAX 6338-7366 S$350~　403室 http://www.intercontinental.com
乌节路	**新加坡万豪酒店** Singapore Marriott Hotel 地图 p.106-F	从MRT乌节站A口出来步行1分钟 320 Orchard Rd. 6735-5800　FAX 6735-9800 S$450~　393室 http://marriott.co.jp

乌节路

新加坡君悦大酒店
Grand Hyatt Singapore
地图 p.106–F

- 从MRT乌节站A口出来步行3分钟
- 10 Scotts Rd.
- ☎ 6738–1234　FAX 6732–1696
- 未公布，需在WEB上确认　室 663室
- HP http://singapore.grand.hyatt.com

良木园大酒店
Goodwood Park Hotel
地图 p.106–B

- 从MRT乌节站A口出来步行7分钟
- 22 Scotts Rd.
- ☎ 6737–7411　FAX 6732–8558
- S$350~　室 233室
- HP http://www.goodwoodparkhotel.com

新加坡怡阁酒店
York Hotel Singapore
地图 p.106–F

- 从MRT乌节站A口出来步行9分钟
- 21 Mount Elizabeth Rd.
- ☎ 6737–0511　FAX 6732–1217
- S$250~　室 407室
- HP http://www.yorkhotel.com.sg

伊丽莎白酒店
The Elizabeth
地图 p.106–B

- 从MRT乌节站A口出来步行10分钟
- 24 Mount Elizabeth Rd.
- ☎ 6738–1188　FAX 6739–8005
- S$250~　室 256室
- HP http://www.theelizabeth.com.sg

史各士皇族酒店
Royal Plaza on Scotts
地图 p.106–F

- 从MRT乌节站A口出来步行5分钟
- 25 Scotts Rd.
- ☎ 6737–7966　FAX 6737–6646
- S$300~　室 511室
- HP http://www.royalplaza.com.sg

乌节泛太平洋酒店
Pan Pacific Orchard, Singapore
地图 p.106–E

- 从MRT乌节站A口出来步行7分钟
- 10 Claymore Rd.
- ☎ 6737–0811　FAX 6737–9075
- S$350~　室 206室
- HP http://www.panpacific.com

千禧新加坡乌节大酒店
Orchard Hotel Singapore
地图 p.106–E

- 从MRT乌节站E口出来步行8分钟
- 442 Orchard Rd.
- ☎ 6734–7766　FAX 6733–5482
- S$350~　室 653室
- HP http://www.orchardhotel.com.sg

希尔顿酒店
Hilton Singapore
地图 p.106–E

- 从MRT乌节站E口出来步行4分钟
- 581 Orchard Rd.
- ☎ 6737–2233　FAX 6732–2917
- S$350~　室 421室
- HP http://www.hilton.co.jp/singapore

乌节广场酒店
Orchard Parade Hotel
地图 p.106–E

- 从MRT乌节站E口出来步行7分钟
- 1 Tanglin Rd.
- ☎ 6737–1133　FAX 6733–0242
- S$300~　室 388室
- HP http://www.orchardparade.com.sg

新加坡瑞吉酒店
St. Regis Singapore
地图 p.106–E

- 从MRT乌节站E口出来步行12分钟
- 29 Tanglin Rd.
- ☎ 6506–6888　FAX 6506–6788
- S$350~　室 299室
- HP http://www.stregis.com/singapore

四季酒店
Four Seasons Hotel Singapore
地图 p.106–E

- 从MRT乌节站B口出来步行7分钟
- 190 Orchard Blvd.
- ☎ 6734–1110　FAX 6733–0682
- S$450~　室 255室
- HP http://www.fourseasons.com/singapore

丽晶大酒店
The Regent Singapore-A Four Seasons Hotel
地图 p.106–I

- 从MRT乌节站E口出来步行15分钟
- 1 Cuscaden Rd.
- ☎ 6733–8888　FAX 6732–8838
- S$400~　室 440室
- HP http://www.regenthotels.com/EN/singapore

圣淘沙岛

乌节路

商贸饭店
Traders Hotel Singapore
地图 p.106-I

- 从MRT乌节站E口出来步行17分钟
- 1A Cuscaden Rd.
- ☎ 6738-2222　FAX 6831-4314
- S$250~　546室
- http://www.shangri-la.com

香格里拉大酒店
Shangri-La Hotel Singapore
地图 p.106-E

- 从MRT乌节站E口出来步行15分钟
- 22 Orange Grove Rd.
- ☎ 6737-3644　FAX 6733-3257
- S$400~　750室
- http://www.shangri-la.com/jp

文华大酒店
Mandarin Orchard Singapore
地图 p.107-G

- 从MRT索美塞站B口出来步行5分钟
- 333 Orchard Rd.
- ☎ 6737-4411　FAX 6732-2361
- S$350~　1051室
- http://www.meritushotels.com/ja

园景假日酒店
Holiday Inn Singapore Orchard City Centre
地图 p.107-H

- 从MRT索美塞站B口出来步行8分钟
- 11 Cavonagh Rd.
- ☎ 6733-8333　FAX 6734-4593
- S$300~　324室
- http:// www.intercontinental.com

新加坡凯煌大酒店
Concorde Hotel Singapore
地图 p.107-H

- 从MRT索美塞站B口出来步行5分钟
- 100 Orchard Rd.
- ☎ 6733-8855　FAX 6732-7886
- S$300~　407室
- http://www.concordehotel.com.sg

怡特酒店
Innotel Hotel
地图 p.103-G

- 从MRT多美歌站B口出来步行2分钟
- 11 Penang Lane
- ☎ 6327-2727　FAX 6645-0808
- S$300~　70室
- http://www.innotelhotel.com.sg

河滨

百乐海景酒店
Park Hotel Clarke Quay
地图 p.103-G

- 从MRT克拉码头站B口出来步行10分钟
- 1 Unity Street
- ☎ 6593-8888　FAX 6593-0099
- S$300~　336室
- http:// www.parkhotelgroup.com

诺富特克拉码头酒店
Novotel Clarke Quay Singapore
地图 p.104-A

- 从MRT克拉码头站B口出来步行7分钟
- 177A River Valley Rd.
- ☎ 6338-3333　FAX 6433-8718
- S$300~　406室
- http:// www.accorhotels.co.jp

瑞士茂昌阁酒店
Swissôtel Merchant Court Singapore
地图 p.104-E

- 从MRT克拉码头站B口出来步行1分钟
- 20 Merchant Rd.
- ☎ 6337-2288　FAX 6334-0606
- S$300~　476室
- http://www.swissotel.com

M工作室酒店
Studio M Hotel
地图 p.102-F

- 从MRT克拉码头站B口出来步行18分钟
- 3 Nanson Road
- ☎ 6808-8888　FAX 6808-8899
- S$200~　360室
- http://www.studiomhotel.com

佳乐丽大酒店
Gallery Hotel
地图 p.102-F

- 从MRT克拉码头站B口出来步行18分钟
- 1 Nanson Rd.
- ☎ 6849-8686　FAX 6836-6666
- S$250~　223室
- http://www.galleryhotel.com.sg

美丽华大酒店
Hotel Miramar Singapore
地图 p.102-F

- 从MRT欧南园站A口出来步行15分钟
- 401 Havelock Rd.
- ☎ 6733-0222　FAX 6733-4027
- S$250~　342室
- http://miramar.com.sg

河滨

国敦统一酒店
Copthorne King's Hotel
地图 p.102-F

- 交 从MRT欧南园站A口出来步行13分钟
- 地址 403 Havelock Rd.
- 电话 6733-0011　FAX 6732-5764
- S$250~　室 314室
- HP http://www.millenniumhotels.com.sg

富丽华河畔酒店
Furama RiverFront
地图 p.102-F

- 交 从MRT欧南园站A口出来步行10分钟
- 地址 405 Havelock Rd.
- 电话 6333-8898　FAX 6733-1588
- S$250~　室 605室
- HP http://www.furama.com/riverfront

濠景大酒店
River View Hotel Singapore
地图 p.102-F

- 交 从MRT欧南园站A口出来步行15分钟
- 地址 382 Havelock Rd.
- 电话 6349-4888　FAX 6732-1034
- S$200~　室 476室
- HP http://www.riverview.com.sg

国敦河畔大酒店
Grand Copthorne Waterfront Singapore
地图 p.102-F

- 交 从MRT欧南园站A口出来步行15分钟
- 地址 392 Havelock Rd.
- 电话 6733-0880　FAX 6737-8880
- S$250~　室 574室
- HP http://www.grandcopthorne.com.sg

雅庭假日酒店
Holiday Inn Singapore Atrium
地图 p.102-F

- 交 从MRT欧南园站A口出来步行15分钟
- 地址 317 Outram Rd.
- 电话 6733-0188　FAX 6733-0989
- S$200~　室 508室
- HP http://www.holidayinn.com

牛车水

皮克林宾乐雅酒店
Parkroyal on Pickering
地图 p.109-C

- 交 从MRT克拉码头站A口出来步行2分钟
- 地址 3 Upper Pickering Street
- 电话 6809-8888　FAX 6809-8889
- S$400~　室 367室
- HP http://www.parkroyalhotels.com

富丽华城市中心酒店
Furama City Centre
地图 p.104-E

- 交 从MRT克拉码头站B口出来步行3分钟
- 地址 60 Eu Tong Sen St.
- 电话 6533-3888　FAX 6534-1489
- S$250~　室 445室
- HP http:// www.furama.com/citycentre

圣淘沙岛

磐石酒店
Hardrock Hotel
地图 p.75-B

- 交 从圣淘沙捷运、港湾站步行3分钟
- 地址 Resorts World at Sentosa, 8 Sentosa Gateway
- 电话 6577-8899　FAX 无　S$500~　室 364室
- HP http://www.hardrockhotelsingapore.com

圣淘沙安曼纳圣殿度假酒店
Amara Sanctuary Resort Sentosa
地图 p.75-B

- 交 从圣淘沙捷运、英比奥站步行5分钟
- 地址 1 Larkhill Rd., Sentosa
- 电话 6825-3888　FAX 6825-3878　S$300~
- 室 121室
- HP http://sentosa.amarahotels.com

逸濠酒店
Equarius Hotel
地图 p.75-A

- 交 从圣淘沙捷运、港湾站坐巴士10分钟
- 地址 Resort World Sentosa, 8 Sentosa Gateway
- 电话 6577-8899　FAX 无　S$700~　室 183室
- HP http://www.rwsentosa.com

新加坡嘉佩乐酒店
Capella Singapore
地图 p.75-B

- 交 从圣淘沙捷运、英比奥站步行5分钟
- 地址 1 The Knolls, Sentosa
- 电话 6377-8888　FAX 6377-3455　S$600~
- 室 112室
- HP http://www.capellasingapore.com

新加坡圣淘沙W酒店
W Singapore Sentosa Cove
地图 p.7-K

- 交 从港湾怡丰城坐巴士10分钟
- 地址 21 Ocean Way
- 电话 6808-7288　FAX 6808-7289　S$600~
- 室 240室
- HP http://www.wsingaporesentosacove.com

旅行信息
Travel Information

随行物品・出发前需要确认的事项清单

确认		物品	重要度	备注・参考页码
随身携带行李		护照	◎	p.88
		境外旅行伤害保险	◎	p.88
		电子客票票据	◎	
		旅行团参加证明/机场托运单	◎	
		现金（人民币）	◎	p.91
		现金（当地货币）	○	p.91
		信用卡	◎	p.91
		旅行指南/旅行会话集	◎	
		手绢/纸巾	◎	
		化妆品/生理用品	◎	
		护照复印件/证件照（2张）	○	p.96
		计算器/笔记用具	○	
		雨具	○	雨季几乎每天有暴雨
		水壶	△	登机前安全检查时把水倒空
		太阳镜/帽子	◎	日照很强
		手机/充电器	○	别忘了带充电器
		相机/充电电池/记忆存储卡	△	
		常备药	◎	
		英文诊断书	△	
托运行李		换洗衣服	◎	
		内衣・袜子	○	也可在当地购买
		睡衣	○	
		洗漱用品	◎	剃须刀
		湿纸巾	○	可在市场享用美食时用到
		洗发水・护发素	△	
		变压器/插座转化器	△	
		洗涤用品	△	
		塑料袋	○	
		毛巾	○	
		拖鞋	△	
		泳衣/泳帽	○	酒店泳池或Spa里会用到
		小折刀	△	可以很好享用当地水果。但别带入随机行李
		面膜	○	
		防晒霜	◎	
		小伴手礼	△	为了人际交流更顺畅

◎=绝对需要　　○=应该带着　　△=因人而异，带了更方便

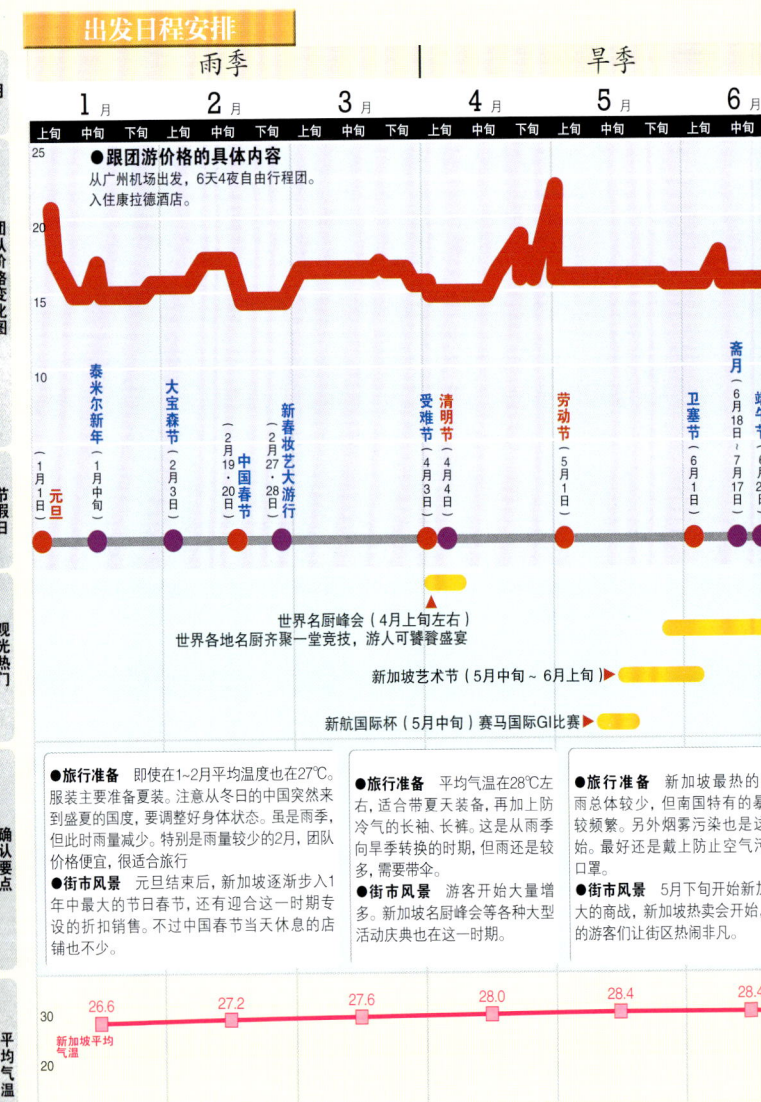

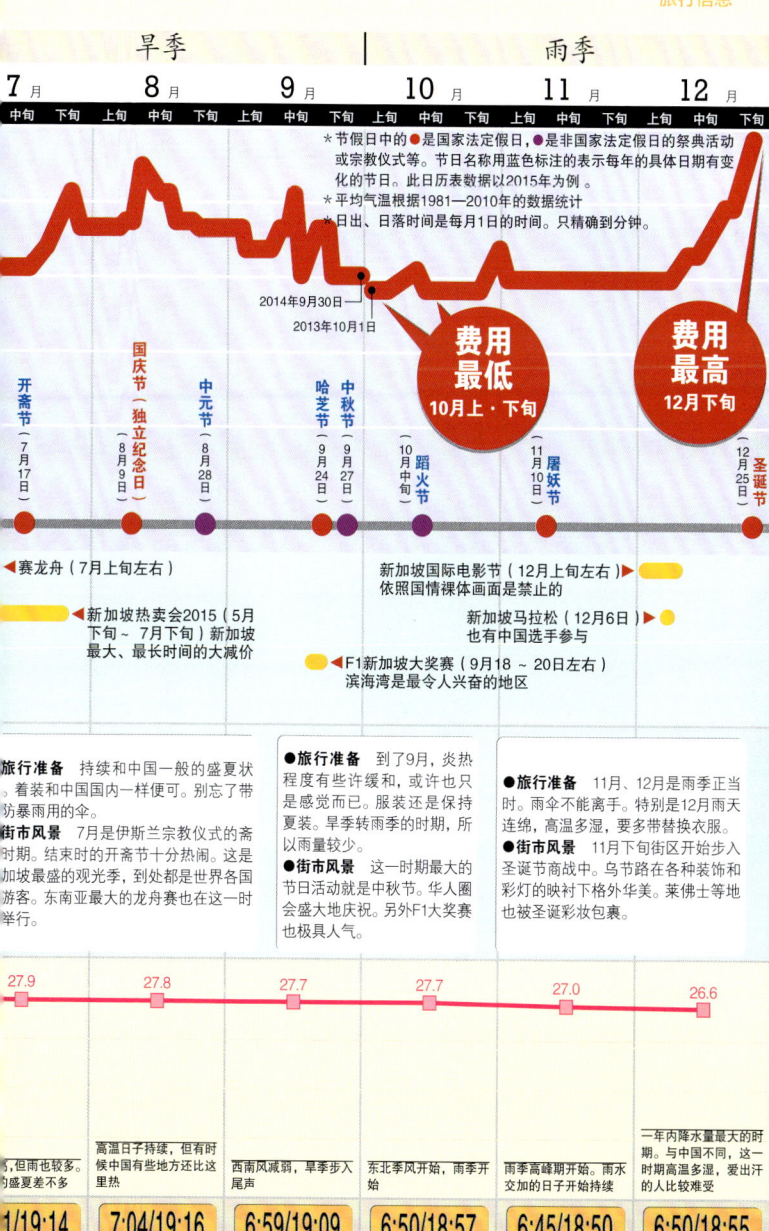

◆收集旅行信息◆

信息来源包括书本、网络等。为了能在有限的时间内
在新加坡度过更加充实有意义的旅行时光,
下面小编和您一起梳理一下值得信赖的各种信息。

◆新加坡相关的主要网站&咨询地址◆

新加坡旅游局 www.yoursingapore.com	该网站提供了新加坡旅游的相关情况,如景点介绍、特色活动、文化艺术、美食、购物、交通、住宿等信息,从这里可以获得新加坡的最新信息、区域导览及餐饮信息等最新内容。北京有新加坡旅游局的中国分局,也可打电话咨询。
Visitingsingapore www.visitsingapore.com.cn/see-do-singapore.html	一个了解新加坡的网络平台,在这里有故事、有旅行建议、有不一样的旅行方式和体验。
新加坡驻华大使馆 www.mfa.gov.sg/content/mfa/overseasmission/beijing/ch.html	针对新加坡当地的信息,如安全注意事项等内容更加丰富、充实。遗失护照时需要造访的地方也有说明。
Time Out Singapore http://www.timeoutsingapore.com	这是提供世界性信息资源的新加坡版。网页是英文的,但关于新加坡的信息介绍得很细致。
旅行社	在规模较大的旅行社可获取组织新加坡旅游线路的相关信息。有些旅行社还提供景点门票和组合套票的预订及探访当地家庭等服务内容。另外,也提供租车游新加坡的服务。图书馆也是免费查阅旅游信息的好地方。
相关图书	此外,还可以在出发前读一些和新加坡相关的书籍,欣赏一些当地的电影等都可以加深对旅游目的地的认识,增强旅行的乐趣。可以说,图书馆就不失为一个了解旅行地全面信息的好地方。

◆健康相关事项◆

忙碌准备出发之前,一定要调理好身体,做好出游准备。若有旧病,可以先找医生获取一些旅行中的建议等。还在服药期间的话,可以提前请医生开出旅行中的处方药,有备无患。

保险及相关文件的准备

在旅行期间,如果在当地医院接受治疗,不得不自付高额诊疗费用。而海外旅行伤害险(→p.89)能补偿海外治疗时所花的医药费。旅行前最好入保。

若有旧病最好带上最低限的常备药和需要医生诊疗时的相关材料,以防万一。还有把主治医生开具的病历和药剂处方证明翻译成英文文件的机构,只是需要付费。

常备药最好带服用习惯的药品

最好带上使用习惯的镇痛剂(退热剂)、止泻药、肠胃药等常备药。容易晕车的人也别忘了带上晕车片或晕车贴。

熟悉当地信息

最近几年每年都会爆发的登革热等新加坡特有的当地病、热带传染病,都要特别注意。此外旱季时,从苏门答腊岛扩散而来的雾霾(Haze)引起的空气污染也要十分注意。

关于这些有关危害健康的当地信息,都会在上面的外事、领事服务中心或当地的中国大使馆的网站上公布,出行前一定记得了解清楚。

◆旅行必需品◆

护照和签证是出境旅游不可或缺的。
可根据自身情况及旅行目的地的相关规定提前申请签证。
为了让整个旅途更加安心,建议最好购买海外旅行意外伤害保险。

◆护照(Passport)◆

入境新加坡需要保证护照有效期在3个月以上。若有效期不到3个月了,为了能让旅行时间更充裕,一定要提前申请更换。

第一次申办护照时,要先准备好以下相关材料:
居民身份证原件、复印件
本人户口簿及户口簿首页、本人资料页、变更页
填写完整的护照申请表原件
近期2寸淡蓝色背景的彩色照片
如果是申请更换护照,需要附上原护照
申请事由相关资料
申办费用150元人民币

备好以上资料后,须亲自至本人户口所在地公安局的出入境管理处办理。如果因合理紧急事由请求加急办理,公安机关出入境管理机构也会受理的。注意,在申请完毕时,会收到一张标有日期的取证回执单,一定要好好保管,领取护照时会要求出示,也可以采取付费邮寄的方式获取护照。

◆签证◆

从2009年7月1日起,新加坡为申请入境该国的中国公民提供电子签证(e-Visa)。就新加坡签证的申请,新加坡驻华大使馆(北京)和驻成都、广州、上海和厦门的总领事馆有专门指定的相关单位/旅行社来接受签证申请递交,并通过他们来领取签证。

具体可登录新加坡移民与关卡局的网站 http://www.ica.gov.sg/,点击SAVE系统,根据相关申请序号和护照号码,查询签证申请。在领取签证后,建议上网打印多份有效签证以防遗失。另外,在登机前,航空公司可能也需要查看打印出来的电子签证,如果没有打印可能会影响您登机前往新加坡。若有其他问题,也可拨打新加坡驻中国大使馆的签证热线 电话010-65329380 进行咨询。

申请签证必须提供以下资料:
护照:护照原件及护照照片页复印件。护照有效期应在六个月以上(从入境日期开始计算),并至少有一张空白签证页
Form 14A 签证申请表格(原件):一份用英文填写完整,并有申请者亲笔签名的申请表格
彩色照片:两张两寸白底正面免冠近照(一张贴在表格上,另一张供扫描用)
身份证:原件及复印件
签证费:签证费为每人300元人民币(不予退还,统一费用包括签证申请人支付给新加坡政府的签证费用30新元以及授权旅行社所收取的签证服务费)

◆海外旅行伤害险◆

海外旅行伤害险是为生病、事故、遭盗窃等情况而准备的不可返还的任意保险。一旦在旅游地就医,需要花费高额医疗费,建议一定购买此保险。但是,牙科治疗是不包含在海外旅行伤害保险范围内的,牙齿的问题最好旅行前在国内先医治好。

越早申请越明智

投保手续可以在各保险公司或旅行代理店办理。各个国际机场的出发大厅也有办理柜台,可以在那里申请。不过往返中国机场时段也算在补偿范围内,所以建议最好在出发前就申请好。在掌握了客人的旅程及紧急联络方式的旅行代理店,报名旅行团的同时加入相应保险,一旦有任何状况也好及早应对。

◆携带物品及行李◆

打包行李也是旅行准备的重要内容。
别忘了需要的东西,也别塞满不必要的东西,反而增加行李箱的负担。
更别忘了返程时行李必定增多的事实。

◆气候及服装◆

位于赤道附近的新加坡属于热带季风气候,湿度大,年平均气温26℃~29℃。白天温度超过30℃。

常年温差不大,几乎没有季节变化,只有旱季和雨季半年交替。

4~9月

气候:4~9月是旱季。其中5~6月最热。晴天居多且十分闷热。不时会有热带特有的暴雨降临。暴雨过后相对凉爽但很快又转热。

服装:基本穿中国盛夏时的服装。室内冷气过足,最好带上轻薄上衣或轻便的披肩等防止冷气太凉。还要带上结实的折伞。

10月~次年3月

气候:雨季从10月开始到次年的3月结束,其中11月~次年1月几乎每天下雨。短时间内下好几场大雨,偶尔下一整天。雨量也远比中国一些地方梅雨时节多1倍以上。这段时期高温多湿,是动不动就出汗的难挨时期。

服装:因为是多雨时节,伞是必需品。鞋子和衣服也最好选择稍微防水的好些。同样还要准备防止冷气的衣物。

◆根据具体需要选择◆

街上散步可以穿T恤、短裤、凉拖,但在宗教设施特别是伊斯兰清真寺等地方,千万别穿裸露肌肤过多的服装。此外在高级餐厅,身着吊带背心或凉拖鞋也是被禁止出入的,最低要求也必须穿休闲正式装,上衣必须是带领子的服装。

◆高温对策及防雨对策◆

新加坡一整年白天超过30℃的日子居多,而且还很湿热。容易出汗的人最好多准备一些替换的T恤和内衣。日照很足,一定要戴防晒伤和防紫外线的帽子、太阳镜穿轻薄长袖衣服。此外防雨季和暴雨需要带伞。

和户外相比,餐厅或酒店的冷气很强,最好时常备着长袖衣裳防止身体受不了冷气。

◆打包行李◆

去程的包内预留好空地

旅行所带物品,一定要分清是必须的还是带上会方便但没有也可以的。一方面飞机托运的行李有重量限制,另一方面返程时还要增加购买的礼物等重量。所以在出发时,旅行箱内一定避免装得过满。

是选择"轻"还是选择"舒适"

旅行行李中最占体积的就是衣物。一定要多选择容易随意组合搭配、容易叠穿适应温度变化的衣物。选择不容易起皱的衣物,则可以圈起来装箱。塑料袋能很方便隔离脏衣物与干净衣物。

内衣、袜子及衬衣类,若能每天一套会更舒适。即使考虑到换洗而减少携带数量,也可能在酒店每天洗东西变得很麻烦。综合考虑旅行天数及需要的数量、行李的体积等因素,来决定是减少行李还是用换洗方式解决。

逛街携带的包还是选小而实用的

从安全出发,挎包什么的还是选体积小一些的合适,不要随性背在背后或斜挎,最好能护在身体前面的包。另外能解放双手的双肩背包,如果背在后面容易被扒手盯上,最好也反背到前面。尽量不要背价格昂贵的大品牌包。从安全方面考虑,腰包也不推荐使用。

旅行信息

◆货币兑换◆

烦琐的货币兑换会破坏旅行的乐趣。
尽可能在有利的地方轻松兑换。
还可灵活利用银行卡等便利手段。

◆现金◆

新加坡的通用货币是S$（新加坡元）和S¢（新加坡分），S$1=S¢100。纸币包括面值从S$2开始的9种，最常在市面上流通的纸币面额最大的一般以S$100为止。2017年7月的汇率1S$≈4.9元人民币，100元人民币≈20.3S$。

比起在国内，入境新加坡之后的兑换汇率更划算。可以在机场的兑换点、街市的兑换处或酒店进行货币兑换，没必要非在国内兑换好。机场的兑换汇率最好，到达新加坡后可以马上到机场窗口进行兑换，很方便。兑换时收到的兑换票据一定要保存好，将新币兑换回人民币时需要用到。

◆信用卡◆

使用信用卡的话，没有必要携带大量现金，也可防止剩下多余外币，十分方便。可以在当地直接提取现金，也可作为身份证明。并且，一旦出现紧急情况的话，它还具有透支功能（不要手续费，但有贷款利息），可以在当地的ATM上直接提取当地货币。只要满足银行规定的一定条件，都可以办理，有些还不要手续费（但有些会收取信用卡年费），甚至有银行还专门为海外旅行者开设快速办卡通道，非常方便。另外，各家信用卡发行银行还提供24小时银行卡丢失、被盗后的紧急挂失服务，有些还提供酒店预订、购物、医疗咨询等服务，还有些能提供旅行保险赔付、银行卡购物后的退税等各种服务。

人们最常使用的信用卡是VISA（带有PLUS标志的ATM都可以部分透支）、Maste（在带有Cirrus标志的ATM上可以部分透支）。其次，AMEX、Diners、JCB信用卡也很常见。建议记下信用卡卡号和信用卡服务中心的联络方式，一旦信用卡被盗或丢失时，能够及时派上用场。

信用卡咨询处
VISA卡
http://www.visa-asia.com

万事达卡（Maste）
http://www.mastercard.com/cn
美国运通卡（AMEX）
http://www.americanexpress.com
中国银联卡
http://cn.unionpay.com

◆国际借记卡◆

拥有此卡可以通过海外ATM机（利用Plus或Cirrus的国际网络），从国内的银行账户内取出当地货币现金。不收利息但是需要收取手续费，兑换汇率也略高。

如何查看汇率

在新加坡查看兑换汇率，通常是以1元人民币兑换（能买入）多少新币S$来表示的。所以数字越大越划算。写有CHINA 那一行的BUY（买入）栏中的CASH出现的数字就是现金的兑换利率。

◆ATM的使用方法（以英文界面为例）◆

① INSERT YOUR CARD或者ENTER CARD表示插入银行卡。

② Enter PIN　ENTER PIN 输入密码。

③ WITHDRAWAL取消，或CASH ADVANCE取现，选择一项。

④ SAVING ACCOUNT储蓄账户，或CREDIT CARD信用卡提现，选择一项。

⑤ AMOUNT　选择金额或者直接输入金额数字。

⑥ TAKE CASH　取走现金。

⑦ Another Transaction?　"继续其他交易？"当出现这个提示时，一定要选择NO。

⑧ Take your card and receipt　取回银行卡及回执单。

◆入境新加坡◆

从国内飞往新加坡的定期航班都是从樟宜国际机场入境。
抵达机场后，需要进行入境检查、提取托运行李及通过海关。
可以提前在飞机上填写好入境卡片。

◆从抵达当地到办理入境手续◆

在Foreigner（外国人）窗口排队，出示护照，提交填写完整的出入境卡片（ED card），获得入境图章之后手续完成。

提取出发时托运的行李。输送行李的传送转盘会按航班号区分。行李箱外观很像，注意别拿错了。

如果携带需要申报海关的物品，要前往红色柜台提交海关申报单办理相应手续。没有携带超出免税范围的物品或金钱，则可以从绿色海关通道直接出关。

不需要在海关申报的携带限额

烟：必须申报。1条烟课税约S$85。
酒：合计1升以内。（瓶数不限）
特产类：S$50以下。
※水果都限制携带。

入境检查的手续

通常，出国目的是旅行的话，很少会受到工作人员问询。从2017年开始，新加坡针对外国人也导入了采集指纹的自动门设施。

当托运行李丢失时

万一发生行李箱等托运的行李遗失（lost baggage）的情况时，拿着行李牌（托运行李时工作人员交付的半张托运证明）前往所乘航空公司的柜台。通常1~2天内，行李会运送到所住酒店。所以千万不要弄丢行李牌（一般会贴在登机牌上）。

携带货币

在新加坡，携带超过相当于3万美金的外币或旅行支票时，必须填写海关申报单进行申报。

◆新加坡的机场◆

樟宜国际机场

位于新加坡岛东端的东南亚屈指可数的枢纽机场。为拥有3个航站楼的大型国际机场。从北京首都国际机场乘坐新加坡航空的话，需要6个多小时；从上海浦东国际机场出发的话，不到5.5小时即可到达。宽广的机场内有200多家餐厅和商店、转机酒店及各种服务中心，项目丰富得让人想象不到这只是机场。出入境时若有时间可以在这里逛逛。前往市区前，可以到导游中心获取新加坡旅游手册。

从机场前往市区

去往市区可以搭乘MRT、公交巴士、机场巴士以及出租车。

MRT樟宜机场站位于2、3号航站楼地下，从这里出发到政府大厦站需要约30分钟、S$2。

公交巴士在各个航站楼地下层都有。到市中心约1小时，票价最高需要S$2.70。

机场巴士连接机场和各个酒店，相当于合乘的士。为限坐9~15人的小巴士。预约或付票款都在机场到达大厅的Ground Transport Desk处办理。S$6。

若是深夜抵达机场，以上的交通工具可能都已停止运营。这时出租车成为前往市区的唯一工具。到市内约花费30分钟，价格大约在S$30。

◆回国指南◆

最好比航班时间提前2小时抵达机场。
酒店退房时,除了结算房内的额外消费,如果有寄存贵重物品在前台,要记得取回。还不要忘记个人的扫尾事情。

◆乘机·出境手续◆

① 办理登机:在相应航空公司的柜台办理,交付托运行李,获取登机牌和行李牌。

② 随身行李安检:直接带入机舱的行李要接受X光安检。

③ 海关检查:需要退税的情况,要出示护照、登机牌、海关申报单、所购物品,获取盖章。

④ 出境检查:出示护照、登机牌获取盖章。

⑤ 登机:按照登机牌上指示的时间,在那之前前往相应登机门,登机。

换回人民币

多余的新加坡币最好在当地就兑换回人民币。硬币是无法兑换的,所以在回国前把硬币都用光。

托运行李的重量限制

具体情况要看航空公司及搭乘的舱位的要求。一般经济舱的话允许托运1~2个行李箱,各不能超过23kg。超重部分会收取昂贵的费用,一定要注意。

◆入境中国检查◆

抵达中国后前往入境检查柜台出示护照。之后到行李领取处提取托运的行李。万一发生行李丢失的情况,可以拿着行李牌询问工作人员。最后要经过海关检查(购买的商品在免税范围内的就过绿色通道,超出范围的话就过红色通道)。在这里要提交飞机上提前填写的"携带物品、另寄品申报单"(参见下方内容)。

携带物品、另寄品申报单

飞机上会分发的这个申报单,在落地通关时需要提交,可以以每个家庭为单位提交1张单子。如果有另寄品则需要提交2张单子,在过海关时由海关人员在单子上盖章,然后到另寄品柜台把盖着章的单子上交。之后只需在自家等待寄发的包裹即可。

中国免税范围

商品名称		数量/价格	备注
酒水饮料		2瓶	12度以上,1.5升以下
烟草制品	香烟	400支	
	雪茄	100支	
	烟丝	500g	
其他	生活物品	1000元	衣料、衣着、鞋、帽、工艺美术品和价值人民币1000元以下的其他生活用品,属于自用合理数量范围内的可免税,其中价值人民币800元以上、1000元以下的物品每种限1件。
	个人自用品	5000元	进境居民旅客携带在境外获取的个人自用进境物品,总值在5000元人民币以内(含5000元)的免税

中国入境限制医药品、化妆品等个人自用物品的数量清单

携带化妆品入境规定:自用合理数量范围内可免税,超出部分可征税或退运。如征税,化妆品的税率为50%。

携带自用医药品入境规定:旅客本人应提供医疗机构为其出具的书面证明,以证实确因身体需要携带。民航凭医生有效处方原件以及在境内停留时间等确定携带药品的合理数量,一般不得超过7日用量,并留存处方复印件作为当事人办理手续的随附单证,且一份处方只能办理一次民航入境手续。超过自用合理数量的药品应按货物报关。

境外旅客申请退税,应当同时符合以下条件

1. 同一境外旅客同一日在同一退税商店购买的退税物品金额达到500元人民币;
2. 退税物品尚未启用或消费;
3. 离境日距退税物品购买日不超过90天;
4. 所购退税物品由境外旅客本人随身携带或随行托运出境。

电话·邮政·网络

在国内使用的手机如果属于国际通用相关机型，在海外也可以直接拨打国际电话，联网也十分方便。如果想从旅行地邮寄明信片，或者邮寄比较沉的特产，有多种方法可以实现，您只需根据自己的情况选择最合适的就行。

◆从新加坡拨打国际电话的方法◆

除了直接拨打电话号码的方式以外，还可以通过接线员等等方法拨打。

直拨国际长途电话

例）拨打01-1234-5678

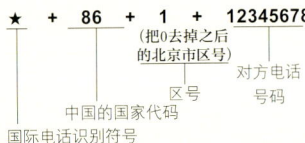

国际电话识别符号　中国的国家代码　区号　对方电话号码
（把0去掉之后的北京市区号）

灵活使用海外手机套餐包

如果手机机型和新加坡国内的运营商网络相通，可直接使用自己的手机，非常方便。海外手机套餐包含短信、微博等通信费用，只是如果不能正确设定，将会导致高昂的话费。而且，话费收取会按照新的计算方法，在当地的通话也有可能变成国际长途电话。

建议购买当地的电话卡

要想经济实惠地打电话，建议最好在当地电信服务门市买拨打国际长途的专用电话卡，还可以到有些商店购买专门针对亚洲国家的电话卡。一般地，这些卡在中国城或者亚洲商店都能买到。其使用方法和国内的IP电话卡差不多，卡背后有详细操作说明。

◆邮寄·快递◆

明信片·信件

寄往国内的航空邮件资费是明信片S￠50，信件120g以内S￠10、以后每增加10g加S￠35。详细地址可以用中文书写，但别忘了标上"中国"和"AIR MAIL"。投递到邮筒的"Other Countries"箱内。通常3~5天就能收到。

国际包裹·国际快递

从当地寄包裹到国内，邮局空运需要1周左右的时间，海运则要花费3~5周。如果比较着急，可以使用便捷的Speedpost Express，收费贵但1天左右就能收到。

快递收费也较贵，不过可以在特产商店或者酒店前台等直接预约，很方便。

邮寄快递时的注意事项

另寄物品（利用国际邮政或国际快递从海外运送的行李包裹）的收件人务必要填写回国人自己的姓名，而且打包后的外包装要明确标记"另寄品"字样。如果是从特产店直接打包寄送的情况，一定要让店员写上"另寄品"。

回国时要向海关提交"携带品·另寄品申报单"2份单子（→p.93）。1份盖完确认章之后会返还，一定要妥善保管。

另寄品抵达国内之后，海关或航空货物代理店会发来到货通知。如果包裹外包装上没有注明"另寄品"或者忘记申报、遗失了申报单等情况，则要按一般贸易货物处理，需要另外办理进口通关手续，一定要注意。

◆网络◆

使用Wi-Fi

在当地政府的努力下，覆盖新加坡全国的免费Wi-Fi、Wireless@SG已经铺设完毕。要使用这项免费服务需要进行账户设定等相关操作。此外在星巴克、麦当劳等餐饮店也可以使用店内免费Wi-Fi。如果是在酒店，大多数高级酒店的网络都是收费的。短期旅行的话，推荐租用。

◆生活习惯·风俗礼仪◆

新加坡与中国同属亚洲国家,但在如厕、饮酒、禁烟等生活的很多方面都存在不同。
旅行前最好了解新加坡当地的风俗习惯及礼仪,让自己的行为举止合乎当地常识。
当你受到暖心服务的时候,别忘了说一句"Thank you"。

◆厕所◆

厕所基本都保持得较干净。酒店或购物中心里的厕所都很整洁,使用起来很舒服。还有在排档中心等设有收费(S¢10~)厕所。用完之后一定要记得冲水,否则会处以罚金。

◆水◆

大部分东南亚国家的生水都不能直接饮用,否则可能会闹肚子。不过新加坡的管道水能放心饮用。如果还是抱有疑虑,可以选择矿泉水。街市上出售的饮用水有"依云"及其他当地的各种品牌。500ml瓶装水大约S$1.20。

◆电压◆

新加坡的电压是220~240伏、50赫兹。插座的形状是英式的3孔式。插头上的插片大多是四角形的。如果您的电器规格和海外的条件不匹配,就需要另外的变压器和插座转换器。

◆度量衡◆

容积多用升表示。长度用厘米、米以及英寸(1英寸=2.54厘米)表示。重量除了用千克(公斤)外,还用磅(1磅≈454克)表示。

◆消费税◆

在新加坡购物需要加付7%的消费税。对于外国游客,如果在同一家店铺或者同一连锁店内购买一件S$100以上价格的商品,可以享受退税(Tax Refund)政策。如果在这些可享受退税的商店购买了S$100以上的物品,一定别忘了让店家开具免税证明,因为退还的税款只能在机场的专门柜台办理。

◆办公时间◆

市政官厅及一般的办公室的办公时间都是遵循工作日9:00~17:00、周六~12:00、周日及节日休息的标准。银行则是工作日0:30~10:30、周六~13:00。商店或餐厅一般没有休息日,不过中国春节的时候有不少店铺休息。此外,伊斯兰系的商店一般周日休息,还有一些特殊的宗教节日也休业。

◆小费◆

政府推行无小费制度,所以一般是不需要给小费的。不过在餐厅或酒店,会收取10%的服务税代替小费。但是,要特别注意,樟宜机场内是严禁给小费的。

◆禁烟◆

酒店、餐厅、美术馆、百货商店以及各类公共设施内都禁止吸烟。在俱乐部等一些夜间场所,除了吸烟区以外都是禁烟的。也可以在户外有安置烟灰缸的地方吸烟,不过这类地点不多。如果违反禁烟规定,最高可能处罚S$1000,一定要格外注意。

◆洗衣房◆

新加坡设有投币洗衣房。街市的洗衣店一般以kg为单位计量计价,可以把要洗的衣服攒起来一并送过去。Kape-ji pulaza内的洗衣店,收费大约是3kg费用S$15。早上送出傍晚就可以取回。如果是高档衣服,建议还是拿到酒店的洗衣房洗。

◆旅行健康管理◆

新加坡几乎是位于赤道线下的岛国，常年温度都很高，
而且这里的美食丰富，一不小心就容易吃多。
旅行中身体很容易出现状况，要随时关注自身体健康。

◆健康管理及预防方法◆

肠胃不适

卫生及饮用水方面没什么问题，但是要注意不要食用过量含香辛料的菜肴或冰冷的甜点，容易刺激肠胃。还要注意不要暴饮暴食。

谨防登革热

新加坡几乎每年都会爆发登革热。2013年曾是流行疾病，出现过7例死亡病患。登革热以埃及伊蚊、白纹伊蚊为媒介传播病毒，多见高烧、头痛等症状，有时甚至能导致死亡，但目前没有疫苗或预防药。为了防止蚊虫叮咬，一定要带上驱蚊虫的喷雾。其他疾病如乙型脑炎、细菌性痢疾、疟疾等也要注意预防。

预防中暑

新加坡常年的天气都如国内的盛夏一般，一定要注意防止中暑。在户外时一定要戴帽子，要及时补充水分，尽量避免长时间在炎热太阳下行动。

冷气太强也可能引发夏日感冒症状

新加坡就是个冷气王国。人群密集的地方必有冷气开启。频繁出入湿热的户外与冷气十足的室内空间，身体体温来不及适应，容易引起头痛、肩酸、夏天感冒症状。出门最好带上长袖衫预防冷气过强。如果酒店房间冷得像冰窖，可以要求酒店在结束白天的清洁之后关掉冷气。

◆紧急情况的应对◆

新加坡的医疗情况

新加坡国内有不少华人开设的医院，如果身体出现不适症状，可以前往就诊，毕竟语言沟通比较方便。

生病或受伤时

如果在酒店可以先到前台咨询处理。如果症状比较严重，酒店应该会联系可用中文的医院或者就近的医院。如果症状较轻，可以让工作人员告知附近的药店，买些药服用。如果正好在外出地点，可就近请求帮忙。即使是语法错乱的蹩脚英文，也一定有人能听懂的。

若提前购买了海外旅行伤害险

电话联系所购买保险的公司在当地的联络点，就能接到关于预约医院或相关建议的中文咨询服务。有关保险条款的资料一定很厚，可以只带上新加坡相关的部分材料。往返医院时的打车费也能申请赔偿，所以不要忘了留好票据。

以防万一，最好购买海外旅行伤害保险

购买海外旅行伤害保险，可以在意外发生时将损失降低到最小。患病、受伤接受医治，或者住院时会花费一大笔费用，如果满足保险条件的话，可报销到相应费用，这样就可不必担心就医费用。建议海外出门旅行，最少还是购买一份保险，这样能省去很多麻烦。

烟雾危害

每年5~10月由于苏门答腊岛等地的烧荒或森林火灾等原因而产生的烟雾灾害，也引发了PM2.5等严重的大气污染。遇到此类天气一定要采取措施记得戴上防尘口罩。

旅行信息

◆旅行安全管理◆

新加坡的治安相对较好,能够让人放心旅行,因此一直是热门的旅游胜地。
尽管如此,旅行期间还是不能大意,需要注意偷盗等情况发生。
旅行中尽量不要放松警惕,谨慎出行,平安归来是最好的。

◆做好充分的预防措施◆

酒店里

现金、贵重物品要用保险柜保管。离开房间时记得把较贵重的东西锁进行李箱。即便在酒店大堂也不要远离行李。

游玩时

最近几年游客遭遇的盗窃案件有所增加。特别要注意以下由新加坡警局公布的案件多发场所:国家动物园、鱼尾狮公园、滨海湾金沙、圣淘沙岛等。大多是混迹在人群中的小偷靠近之后盗取钱包或手机等案件。尤其在一些著名景点更要注意。

◆事发后的应急处理◆

现金或行李被盗

最好先有现金无法追回的心理准备。行李在短期内也很可能无法追回。一旦遭遇盗窃,先报警。可以找领队、导游或者酒店内能帮忙翻译的人商讨对策。

如果事先购买了海外旅行伤害险,包含了携带行李物品的补偿险这一内容,或者护照也被盗走的情况,一定要到警察局开具被盗受理证明单。但是,先做好无法追回失物的心理准备。

护照遗失或被盗

护照丢失后,第一时间要前往当地的警察局,请工作人员开具护照丢失证明,然后往中国驻新加坡大使馆补办护照。如果时间够用的话,可以在当地等待新护照的补办。

建议在旅行前就备好近期2寸淡蓝色背景彩色证件照1张,把护照首页复印携带。

信用卡遗失或被盗

信用卡丢失后,要第一时间致电信用卡服务热线进行挂失。建议提前记下信用卡卡号和有效期等信息,这样补办起来会比较快。各银行信用卡补办时间不尽相同,一般第一天或两天左右就能补办成功。

如果信用卡丢失很长一段时间才发现,那么就会存在被不法分子盗刷的可能。所以,一旦发现信用卡丢失,务必要第一时间进行挂失。建议在国内提前查好相关信用卡发卡银行的服务热线。

旅游支票遗失

丢失旅游支票后,可在当地支票发行银行或相关服务中心补办。各旅游支票的发行银行不同,建议购买时询问清楚。两三天就可以补办成功。补办旅游支票时,需备好相关证件。如果缺少,那么补办过程会相当麻烦。另外,将旅游支票、未使用支票的号码以及面值做好备份。

电子机票遗失

即使不小心遗失了电子机票单据(代替机票发行的票据),只要持有护照也可以办理搭乘手续,但是为了更顺利地办理登机手续,还是注意不要弄丢了。

发生意外时的联络电话
一般使用英语应对
● 偷盗・交通事故　警察 ☎ 999
● 急病・交通事故　救护车 ☎ 995

遭遇重大事故时
前往驻新加坡中国大使馆。

■ 中国驻新加坡大使馆
HP http://www.chinaembassy.org.sg/chn/
✉ 新加坡东陵路150号 (247969) 150 Tanglin Road
☎ 64712117 (领事部)
　 92971517 (仅限紧急领保求助)
🕐 周一至周五　上午9:00~12:00 (节假日除外)

旅行会话 英语

以下介绍一些最常用的英文,可方便随时随地与当地人交流。

打招呼

早上好。
Good morning.

您好。(下午好。)
Good afternoon.

再见。
Good-bye.

是。/不是。
Yes. / No.

谢谢!
Thank you

对不起,不好意思。
Excuse me.

用餐

请给我菜单。
Can I have a menu, please?

请问您有什么推荐的吗?
What do you recommend?

埋单(结账)。
Check (Bill), please.

很好吃。(很美味)
It was very delicious.

购物

我随便看看。
I'm just looking.

请拿给我看看。
Please show me this.

我能试穿吗?
May I try this on?

太大(小)了。
This is too big (small).

紧急状况

救命!
Help me!

小偷!
Thief!

抓住他!
Catch him!

请报警。
Call the police, please.

请叫医生。
Please call a doctor.

我迷路了。
I'm lost.

我不会说英语。
I can't speak English.

数字

●0	●1	●2	●3	●4	●5	●6	●7
zero	one	two	three	four	five	six	seven

●8	●9	●10	●100	●1000	●10 000
eight	nine	ten	hundred	thousand	ten thousand

超实用的替换句型+单词

……在哪儿?

Where is ~?

●洗手间	●地铁
the bathroom (toilet)	the MRT station
●入口	●礼品店
the entrance	the souvenir shop
●出口	●货币兑换点
the exit	the money exchange
●游客中心	
the Visitors Centre	

请去……

To ~, please.

●酒店	●博物馆
the hotel	the museum
●餐厅	●动物园
the restaurant	the zoo
●超市	●公园
the supermarket	the park
●唐人街(牛车水)	●公交车站
Chinatown	the bus terminal

有……吗?

Do you have ~?

●包	●鞋
a bag	shoes
●耳环	●戒指
earrings	a ring
●帽子	●口红
a hat	lipstick

……多少钱?

How much is ~?

●这个	●那个
this	that
●可乐	●热狗
coke	hotdog
●明信片	●票
picture postcard	a ticket

请给我……

Can I have ~, please ?

●咖啡	●矿泉水	●啤酒	●红酒
coffee	mineral water	beer	a house wine
●圆珠笔	●记事本	●纸巾	●地铁线路图
a ball-point pen	a notebook	a tissue	a MRT map
		●观光地图	●收据
		a sightseeing map	a receipt

索引

观光

- 滨海湾花园···············13
- 圣淘沙名胜世界···········14
- 新加坡环球影城···········16
- 新山市政厅旧址···········18
- 苏丹阿布峇卡清真寺·······18
- 苏丹阿布巴卡王宫博物馆···18
- 马来西亚乐高乐园·········19
- 夜间野生动物园···········20
- 河川生态园···············22
- 新加坡动物园·············23
- 裕廊飞禽公园·············24
- 鱼尾狮塔·················25
- 花柏山···················25
- 鱼尾狮公园···············25
- 莱佛士酒店拱廊···········27
- 蔚柳溪水疗（市区）·······28
- So Spa水疗（圣淘沙岛）···28
- 反射美容中心（市区）·····29
- 女王时尚生活馆（市区）···29
- 汉方保健中心（市区）·····29
- 阿育吠陀印度医馆（市区）·29
- 新加坡摩天观景轮（市区）·44
- 滨海艺术中心（滨海）·····45
- 滨海湾城市规划展览馆
  （滨海）·················45
- 亚洲文明博物馆（滨海）···45
- 双螺旋桥（滨海）·········45
- 莱佛士登陆遗址（滨海）···45
- 赞美坊（滨海）···········46
- 新加坡国家博物馆（滨海）·46
- 新加坡美术馆（滨海）·····46
- 土生华人博物馆（滨海）···46
- ION Sky观景台（乌节路）·51
- 娘惹文化区和翡翠山
  （乌节路）···············52
- 新加坡植物园和国家胡姬花园
  （乌节路）···············52
- 新加坡河游步道（河滨）···58
- 驳船码头（河滨）·········59
- 丹达乌他帕尼兴都庙
  （河滨）·················59
- 克拉码头（河滨）·········59
- 罗伯森码头（河滨）·······59
- 牛车水原貌馆（牛车水）···62
- 马里安曼兴都庙（牛车水）·63
- 新加坡城市画廊（牛车水）·63
- 牛车水美食街（牛车水）···63
- 佛牙寺龙华院（牛车水）···63
- 天福宫（牛车水）·········64
- 红点设计博物馆（牛车水）·64
- 远东坊（牛车水）·········64
- 土生华人建筑群及侨生客栈
  （牛车水）···············64
- 新加坡达士岭（牛车水）···64
- 维拉玛卡里亚曼兴都庙
  （小印度）···············68
- 斯里尼瓦沙柏鲁马兴都庙
  （小印度）···············69
- 千灯寺院（小印度）·······69
- 龙山寺（小印度）·········69
- 武吉士村·················71
- 观音堂（武吉士）·········72
- 哈芝巷（武吉士）·········72
- 苏丹清真寺（武吉士）·····72
- 马拉巴清真寺（武吉士）···72
- 巴梭拉街（武吉士）·······72
- Tiger摩天塔（圣淘沙岛）·76
- 新加坡万象馆（圣淘沙岛）·76
- 圣淘沙斜坡滑车（圣淘沙岛）76
- 新加坡iFly室内飞行体验
  （圣淘沙岛）·············77
- 圣淘沙4D魔幻剧院
  （圣淘沙岛）·············77
- Gogreen自行车出租站
  （圣淘沙岛）·············77
- 圣淘沙冲浪区（圣淘沙岛）·77
- 蝴蝶公园和昆虫博物馆
  （圣淘沙岛）·············77
- 飞龙探险乐园（圣淘沙岛）·78
- 新加坡海底世界
  （圣淘沙岛）·············78
- 西乐索炮台（圣淘沙岛）···78

美食

- Bumbu Asli酱·············18
- Ulu Ulu Safari 自助餐厅···21
- Ah Teng烘焙屋·············27
- Long酒吧··················27
- TWG Tea Salon & Boutique
  （乌节路）················30
- Tiffin Room高级餐厅
  （市区）··················30
- Equinox餐厅（市区）······30
- 2am甜品店（荷兰村）······31
- PS咖啡屋（市区）·········31
- 味香园甜品（牛车水）·····31
- Legnaa赤脚印度餐厅
  （小印度）···············31
- 阿秋甜品（武吉士）·······31
- 穆特咖喱餐馆（市区）·····32
- 珍宝海鲜楼（河滨坊店）···32
- 喜临门大饭店（市区）·····32
- 文东记（市区）···········33
- 欧南园亚华肉骨茶（市区）·33
- 新旺咖啡店（市区）·······33
- 纽顿熟食中心（市区）·····34
- 麦士威熟食中心（牛车水）·34
- 老巴刹美食中心（市区）···34
- Makansutra老饕湾（滨海）·35
- Galleris餐厅（滨海）·····35
- 大食代美食广场（乌节路）·35
- Lantern屋顶酒吧（滨海）··35
- 1-Altitude摩天酒吧（滨海）37
- LeVel33迷你酿酒餐厅
  （滨海）·················37
- 翡翠小厨（滨海）·········47
- 宝莱纳餐厅（滨海）·······47
- 肯尼・罗杰斯餐饮店
  （滨海）·················47
- True Blue餐厅（滨海）····47
- 利苑酒家（滨海）·········47
- Sabai泰式餐厅（滨海）····48
- Mozza比萨店（滨海）······48
- HY加利福尼亚（滨海）·····48
- 东南亚滨河餐厅（滨海）···48
- 圆顶咖啡屋（滨海）·······48
- 岷江川菜馆（乌节路）·····52
- 野生花霎早餐店（乌节路）·52
- Rice Table 餐厅（乌节路）·52
- 新桥养麦面馆（乌节路）···53
- 翡翠皇宫酒家（乌节路）···53
- Chatterbox餐厅（乌节路）·53
- 东海潮州酒家（乌节路）···53
- Tamaya居酒屋（乌节路）···53
- 旧街场白咖啡（乌节路）···54
- M纳西尔小馨馆（乌节路）·54
- 马哈拉乌节餐厅（乌节路）·54
- 都柏林爱丽丝酒吧
  （乌节路）···············54
- 老北京食堂（乌节路）·····54
- 陈福记（河滨）···········60
- Ras印度餐厅（河滨）······60
- 酿佳香啤酒餐厅（河滨）···60
- Enoteca L'operetta餐厅
  （河滨）·················60
- Iguana酒吧餐厅（河滨）···60

Pasta Fresca Da Salvatore
（河滨）餐厅················61
四川豆花饭店（河滨）········61
饮茶酒楼（牛车水）··········65
紫禁城酒家（牛车水）········65
京华小吃（牛车水）··········65
意面餐厅（牛车水）   65
皇廷泰式鱼翅酒家
（牛车水）················66
亚坤（牛车水）··············66
Thanying泰式餐厅
（牛车水）················66
Viet快餐店（牛车水）········66
Annalakshmi印度素食自助餐厅
（牛车水）················66
Kazbar阿拉伯餐厅
（牛车水）················66
星洲海鲜酒楼（牛车水）······69
蕉叶阿波罗餐厅（牛车水）····69
印度丛林主题餐厅
（牛车水）················70
德里印度餐厅（牛车水）······70
东南亚观音素食馆
（武吉士）················73
橄榄树餐厅（武吉士）········73
Mamanda餐厅（武吉士）····73
马来西亚美食街
（圣淘沙岛）··············78
亚洲餐饮（圣淘沙岛）········78
法式餐厅（圣淘沙岛）········78

购物

滨海湾金沙商场············13
JB奥特莱斯··················19
新山奥特莱斯················19
莱佛士酒店礼品店············27
莱佛士城（滨海）············49
查尔斯&凯斯（滨海）········49
新达城购物中心（滨海）······49
洗浴工坊（滨海）············49
滨海广场（滨海）············49
ION乌节购物商厦
（乌节路）················55
远东精良工艺品店
（乌节路）················55
伊势丹史各士百货店
（乌节路）················55
威士马广场（乌节路）········55
T连廊免税店（乌节路）······55

高岛屋购物中心（乌节路）····55
313@索美塞（乌节路）······55
文华购物廊（乌节路）········55
狮城大厦（乌节路）··········55
百丽宫（乌节路）············55
中央广场购物中心（河滨）····61
亮阁（河滨）   61
皇家雪兰莪（河滨）··········61
裕华（牛车水）··············67
珍艺阁（牛车水）············67
牛车水篆刻印章纪念品店
（牛车水）················67
茶渊（牛车水）··············67
余仁生中草药店（牛车水）····67
竹脚中心（小印度）··········70
亚洲工艺美术品店
（小印度）················70
慕达夜中心（小印度）········70
白沙浮购物广场（武吉士）····73
阿拉伯香水店（武吉士）······73
Rishi手工艺品店（武吉士）··73
晴轩（武吉士）··············74
The Loft工艺品店（武吉士）··74
鲁玛比比精品屋（武吉士）····74
玫瑰香橡树服饰店（武吉士）··74

住宿

滨海金沙大酒店（滨海）······12
莱佛士酒店
（圣淘沙岛）··········26、80
新加坡费尔蒙酒店（市区）··80
瑞士史丹福酒店（市区）······80
新加坡卡尔登酒店（市区）····80
新加坡君乐皇府酒店（市区）··80
新加坡大太平洋酒店
（豪绅酒店）（市区）······80
新加坡龙都大酒店（市区）····81
滨海湾金沙大酒店（滨海）····81
新加坡威斯汀酒店（滨海）····81
富丽敦海湾酒店（滨海）······81
新加坡浮尔顿酒店（滨海）····81
新加坡丽思卡尔顿美年酒店
（滨海）··················81
新加坡文华东方酒店
（滨海）··················81
新加坡泛太平洋酒店
（滨海）··················81
新加坡港丽大酒店（滨海）····81
新加坡滨华大酒店（滨海）····81

新加坡洲际大酒店
（武吉士）················81
新加坡万豪酒店（乌节路）··81
新加坡君悦大酒店
（乌节路）················82
良木园大酒店（乌节路）······82
新加坡怡阁酒店（乌节路）····82
伊丽莎白酒店（乌节路）······82
史各士皇族酒店（乌节路）····82
乌节泛太平洋酒店
（乌节路）················82
千禧新加坡乌节路大酒店
（乌节路）················82
希尔顿酒店（乌节路）········82
乌节广场酒店（乌节路）······82
新加坡瑞吉酒店（乌节路）····82
四季酒店（乌节路）··········82
丽晶大酒店（乌节路）········82
商贸饭店（乌节路）··········83
香格里拉大酒店（乌节路）····83
文华大酒店（乌节路）········83
园景假日酒店（乌节路）······83
新加坡凯煌大酒店
（乌节路）················83
怡特酒店（乌节路）··········83
百床海景酒店（河滨）········83
诺富特克拉码头酒店
（河滨）··················83
瑞士茂昌阁酒店（河滨）······83
M工作室酒店（河滨）········83
佳乐丽大酒店（河滨）········83
美丽华大酒店（河滨）········83
国敦统一酒店（河滨）········84
富丽华河畔酒店（河滨）······84
濠景大酒店（河滨）··········84
国敦河畔大酒店（河滨）······84
雅庭假日酒店（河滨）········84
皮克林宾乐雅酒店
（牛车水）················84
富丽华城市中心酒店
（牛车水）················84
磐石酒店（圣淘沙岛）········84
圣淘沙安曼纳圣殿度假酒店··84
逸濠酒店（圣淘沙岛）········84
新加坡喜佩乐酒店
（圣淘沙岛）··············84
新加坡圣淘沙W酒店
（圣淘沙岛）··············84

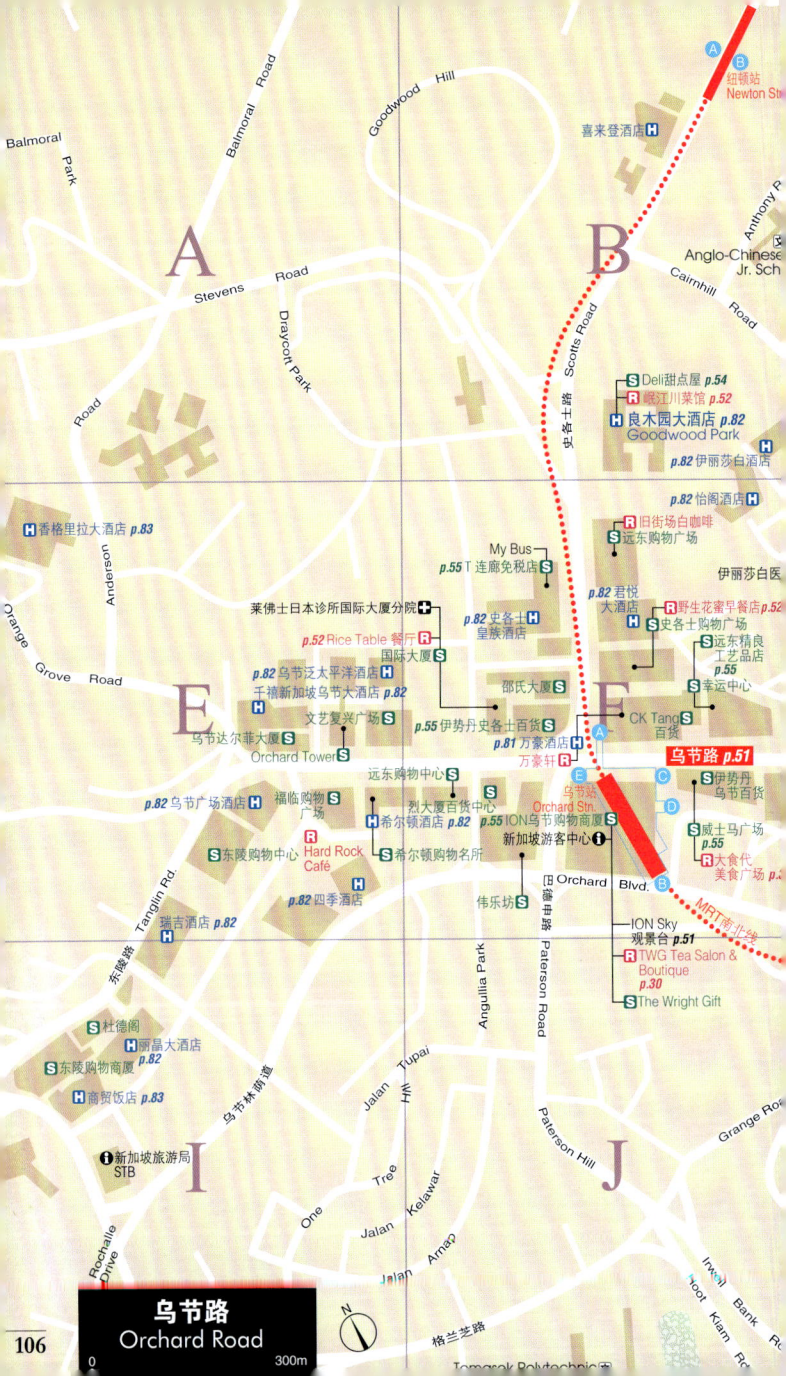

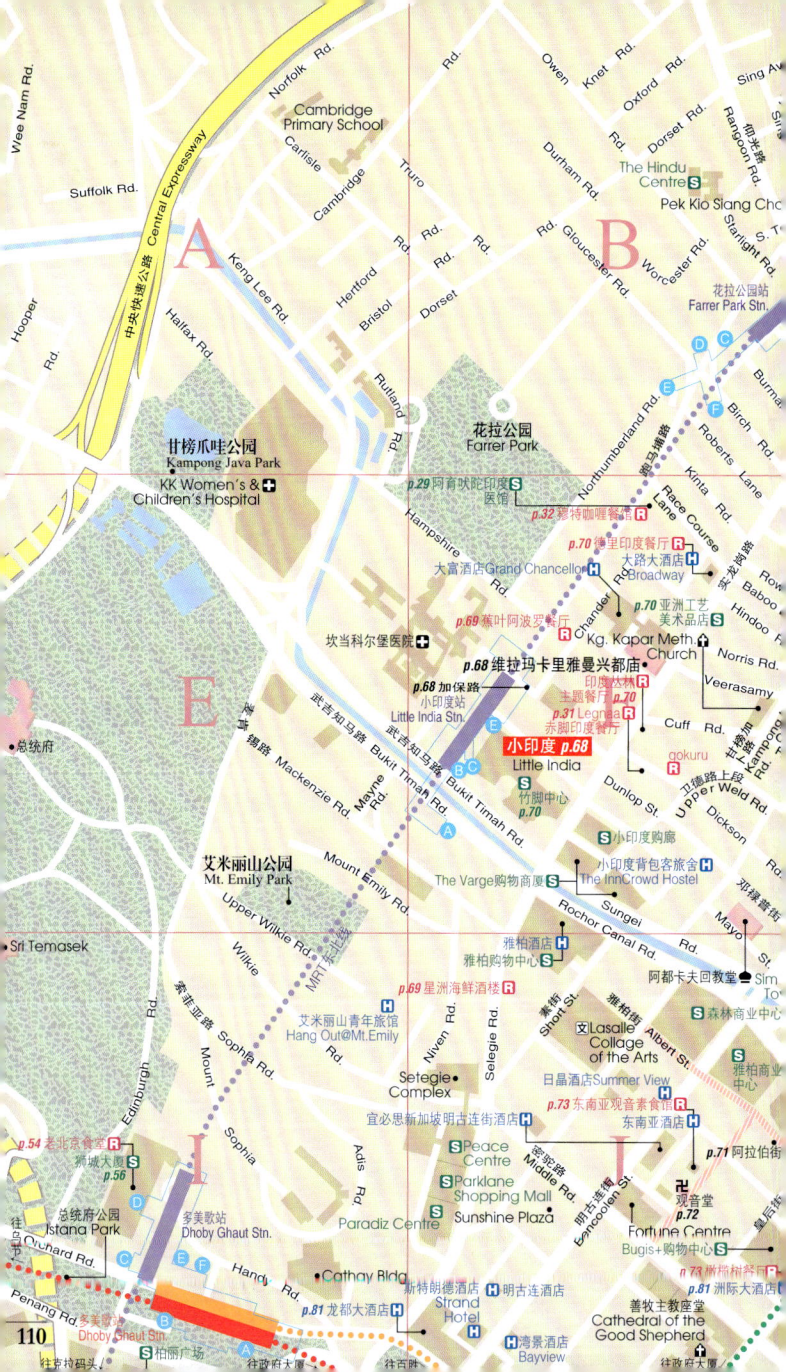

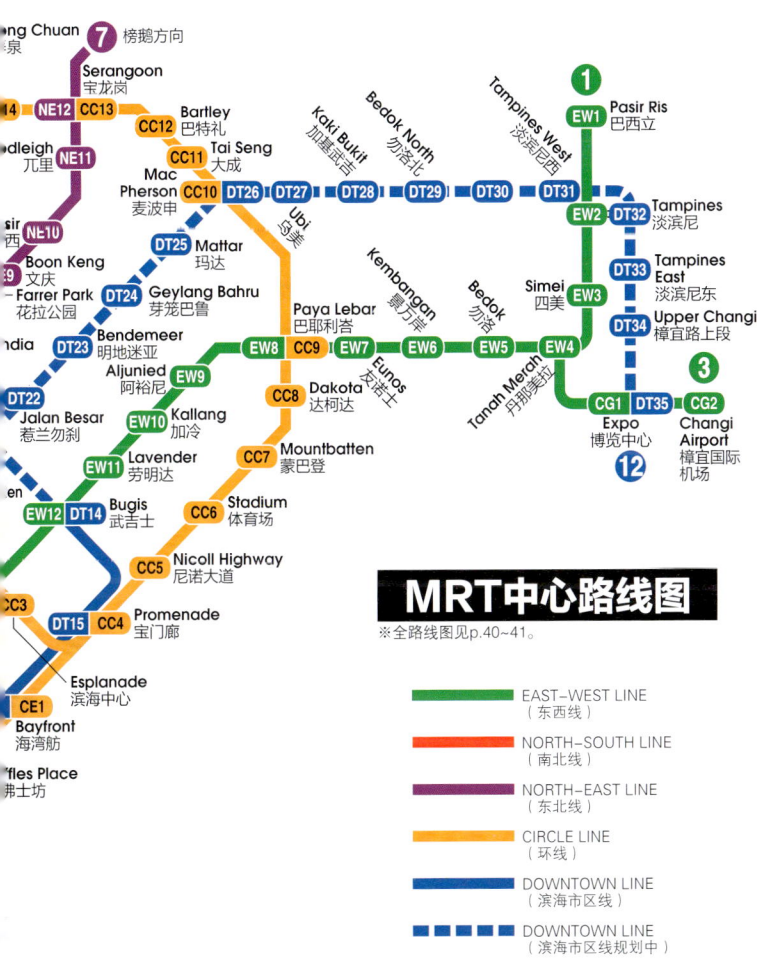

乐游全球丛书

自由行 系列

陪你走遍蔚蓝星球的每一个角落!

1. 《德国》
2. 《英国》
3. 《美国西海岸：洛杉矶、拉斯韦加斯、旧金山》
4. 《法国》
5. 《澳大利亚》
6. 《香港、澳门》
7. 《台湾》
8. 《韩国》
9. 《泰国》
10. 《加拿大》
11. 《意大利》
12. 《西班牙》
13. 《瑞士》
14. 《新加坡（附新山、宾坦岛）》
15. 《新西兰》
16. 《越南》
17. 《荷兰、比利时、卢森堡》
18. 《土耳其》
19. 《巴厘岛》
20. 《夏威夷》
21. 《马来西亚》
22. 《维也纳、布达佩斯、布拉格》

乐游全球丛书

旅行会话 系列

1. 《英语》
2. 《韩语+英语》
3. 《欧洲5国语》
4. 《泰语+英语》
5. 《法语+英语》
6. 《德语+英语》
7. 《西班牙语+英语》
8. 《意大利语+英语》

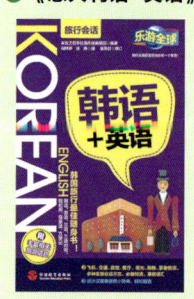

乐游全球丛书

迷你版 系列

1. 《中国台湾》
2. 《新加坡》
3. 《越南》
4. 《意大利》
5. 《西班牙》
6. 《土耳其》
7. 《中欧5国》
8. 《巴西》

北京市版权局著作权合同登记图字：01-2016-8101
审图号：GS（2017）3468号

总 策 划：刘　权
执行策划：陈凤玲
责任编辑：陈　志

WAGAMAMA ARUKI RYOKO KAIWA：（シンガポール）

Copyright 2014 © by Jitsugyo no Nihon Sha, Ltd. All rights reserved. Original Japanese editions published by Jitsugyo no Nihon Sha, Ltd. This Simplified Chinese edition is published by arrangement with Jitsugyo no Nihon Sha, Ltd, Tokyo, Japan through Tuttle-Mori Agency, Inc., Tokyo, Japan in association with Eric Yang Agency Beijing Representative Office, Beijing.

图书在版编目（CIP）数据

新加坡 / 实业之日本社海外版编辑部编著 ；郑凤译
. — 北京 : 旅游教育出版社, 2018.1
（乐游全球迷你版）
ISBN 978-7-5637-3671-3

Ⅰ. ①新… Ⅱ. ①实… ②郑… Ⅲ. ①旅游指南—新加坡 Ⅳ. ①K933.99

中国版本图书馆CIP数据核字(2017)第298866号

乐游全球迷你版

新加坡

实业之日本社海外版编辑部　编著
郑凤　译

出版单位：	旅游教育出版社
地　　址：	北京市朝阳区定福庄南里1号
邮　　编：	100024
发行电话：	（010）65778403　65728372
	65767462（传真）
本社网址：	www.tepcb.com
E-mail：	tepfx@163.com
排版单位：	北京旅教文化传播有限公司
印刷单位：	艺堂印刷（天津）有限公司
经销单位：	新华书店
开　　本：	787毫米×1092毫米　1/32
印　　张：	3.625
插　　页：	8
字　　数：	150千字
版　　次：	2018年1月第1版
印　　次：	2018年1月第1次印刷
定　　价：	32.00元

（图书如有装订差错请与发行部联系）

乐游全球丛书 翻译委员会

丛书翻译统筹

  潘寿君

翻译审订（以音序排名）

陈燕生	程长善	侯越	焦丽哲	姜歌	李建忠	潘寿君
王怡	谢立群	颜悦	邵波	陶芳英	张建邦	张文颖
张志军	周洁						

翻译成员（以音序排名）

陈晨	迟晓春	董娜娜	宫静	郭攀霞	郭文雅	韩佳梅
黄叶清	黄奕纬	凌艳	刘东婧	刘芳	柳慕云	罗芳芳
满新茹	潘丽	裴玺	任二青	宋坤辉	王丽珠	王萌
王平	吴媛媛	徐超	徐琳	徐珊珊	阎婷婷	杨欢
张静超	张乐乐	张楠	张萧	张亚林	张永	张玉
赵季玉	赵丽	郑凤	钟萍萍	周微	宗文玉	

Staff

◆ 制作 ……………… グループf	◆ 取材・取材協力 ……… 鈴木ムク
淵崎昭治	古屋順子
髙砂雄吾	坂本靖英
㈲テクスタイド	河田宜子
◆ デザイン ……………… 石島純生（ankh）	エミー・タン
㈲テクスタイド	森山正明
川島勝博（スタジオ・ボイル）	シンガポール政府観光局
◆ カバーデザイン ……… 杉本欣右	ユニバーサル・スタジオ・シンガポール
◆ 地図制作 ……………… ㈱千秋社	リゾート・ワールド・セントーサ
◆ 写真 …………………… 淵崎昭治	